ओस की बूँद

राही मासूम रज़ा

राजकमल पेपरबैक्स

पहला पुस्तकालय संस्करण
राजकमल प्रकाशन प्राइवेट लिमिटेड द्वारा
1970 में प्रकाशित

राजकमल पेपरबैक्स में
पहला संस्करण : 1988
नौवाँ संस्करण : 2025

राजकमल पेपरबैक्स : उत्कृष्ट साहित्य के जनसुलभ संस्करण

राजकमल प्रकाशन प्रा.लि.
1-बी, नेताजी सुभाष मार्ग, दरियागंज
नई दिल्ली-110 002
द्वारा प्रकाशित

शाखाएँ : अशोक राजपथ, साइंस कॉलेज के सामने, पटना-800 006
पहली मंजिल, दरबारी बिल्डिंग, महात्मा गांधी मार्ग, प्रयागराज-211 001
1, अनमोल सोराबजी संतुक लेन, धोबी तलाव, मरीन लाइंस, मुम्बई-400 002
वेबसाइट : www.rajkamalprakashan.com
ई-मेल : info@rajkamalprakashan.com

बी.के. ऑफसेट
नवीन शाहदरा, दिल्ली-110 032
द्वारा मुद्रित

मूल्य : ₹ 199

OS KI BOOND
Novel by Rahi Masoom Raza

ISBN : 978-81-267-0198-8

राही मासूम रज़ा

राही मासूम रज़ा का जन्म 1 सितम्बर, 1927 को ग़ाज़ीपुर (उत्तर प्रदेश) में हुआ। प्रारम्भिक शिक्षा वहीं हुई, बाद की पढ़ाई अलीगढ़ यूनिवर्सिटी में, जहाँ से 'उर्दू साहित्य के भारतीय व्यक्तित्व' विषय पर पी-एच.डी. की। उसके बाद अलीगढ़ यूनिवर्सिटी में ही अध्यापन-कार्य। कई वर्षों तक उर्दू-साहित्य पढ़ाते रहे। बाद में फ़िल्म-लेखन के लिए बम्बई गए। फ़िल्मों में लिखने के साथ-साथ हिन्दी-उर्दू में समान रूप से सृजनात्मक लेखन किया। फ़िल्म-लेखन को बहुत-से लेखकों की तरह 'घटिया काम' नहीं, बल्कि 'सेमी क्रिएटिव' काम मानते थे। बी.आर. चोपड़ा के निर्देशन में बने महत्त्वपूर्ण दूरदर्शन धारावाहिक 'महाभारत' के पटकथा और संवाद-लेखक के रूप में प्रशंसित।

एक ऐसे कवि-कथाकार, जिनके लिए भारतीयता आदमीयत का पर्याय रही।

प्रकाशित पुस्तकें : *आधा गाँव, टोपी शुक्ला, हिम्मत जौनपुरी, सीन : 75, ओस की बूँद, असंतोष के दिन, दिल एक सादा काग़ज़, कटरा बी आर्ज़ू, नीम का पेड़* (हिन्दी उपन्यास); *मुहब्बत के सिवा* (उर्दू उपन्यास); *मैं एक फेरीवाला* (हिन्दी कविता-संग्रह); *नया साल, मौजे गुल : मौजे सबा, रक्से मय, अजनबी शहर : अजनबी रास्ते* (उर्दू कविता-संग्रह); *अट्ठारह सौ सत्तावन* (हिन्दी-उर्दू महाकाव्य) तथा *छोटे आदमी की बड़ी कहानी* (जीवनी)।

निधन : 15 मार्च, 1992

नय्यर और मरियम की उस तसवीर के नाम,
जिसे गवाह बनाए बिना अब
मैं कुछ नहीं लिखता।

क्रम

भूमिका

बड़े-बूढ़ों ने कई बार कहा कि गालियाँ न लिखो। जो 'आधा गाँव' में इतनी गालियाँ न होतीं तो तुम्हें साहित्य अकादमी का पुरस्कार अवश्य मिल गया होता। परन्तु मैं यह सोचता हूँ कि क्या मैं उपन्यास इसलिए लिखता हूँ कि मुझे साहित्य अकादमी का पुरस्कार मिले? पुरस्कार मिलने में कोई नुक़सान नहीं, फ़ायदा ही है। परन्तु मैं साहित्यकार हूँ। मेरे पात्र यदि गीता बोलेंगे तो मैं गीता के श्लोक लिखूँगा। और वे गालियाँ बकेंगे तो मैं अवश्य उनकी गालियाँ भी लिखूँगा। मैं कोई नाज़ी साहित्यकार नहीं हूँ कि अपने उपन्यास के शहरों पर अपना हुक्म चलाऊँ और हर पात्र को एक शब्दकोश थमाकर हुक्म दे दूँ कि जो एक शब्द भी अपनी तरफ़ से बोले तो गोली मार दूँगा। कोई बड़ा-बूढ़ा यह बताए कि जहाँ मेरे पात्र गाली बकते हैं, वहाँ मैं गालियाँ हटाकर क्या लिखूँ? डॉट-डॉट-डॉट? तब तो लोग अपनी तरफ़ से गालियाँ गढ़ने लगेंगे! और मुझे गालियों के सिलसिले में अपने पात्रों के सिवा किसी पर भरोसा नहीं है।

गालियाँ मुझे भी अच्छी नहीं लगतीं। मेरे घर में गाली की परम्परा नहीं है। परन्तु लोग सड़कों पर गालियाँ बकते हैं। पड़ोस से गालियों की आवाज़ आती है और मैं अपने कान बन्द नहीं करता। यही आप करते होंगे। फिर यदि मेरे पात्र गालियाँ बकते हैं, तो आप मुझे क्यों दौड़ाते हैं? वे पात्र अपने घरों में गालियाँ बक रहे हैं। वे न मेरे घर में हैं, न आपके घर में। इसलिए साहब, साहित्य अकादमी के इनाम के लिए मैं अपने पात्रों की ज़बान नहीं काट सकता। इस उपन्यास के पात्र भी कहीं-कहीं गालियाँ बकते हैं। यदि आपने कभी गाली सुनी ही न हो तो आप यह उपन्यास न पढ़िए। मैं आपको ब्लश करवाना नहीं चाहता।

—राही मासूम रज़ा

डायरी का एक पन्ना

डायरी लिखना बड़ी बेवक़ूफ़ी की बात है; क्योंकि डायरी में सत्य लिखना पड़ता है, और कभी-कभी सत्य लिखना नहीं होता। कभी-कभी तो यह जानना भी असम्भव हो जाता है कि सत्य क्या है और असत्य क्या है। परन्तु सत्य परछाईं की तरह साथ लगा रहता है। कोई लाख चाहे कि परछाईं से पिंड छूट जाए, परन्तु यह सम्भव नहीं। जब तक आत्मा का सूर्य अस्त नहीं हो जाता, ये परछाइयाँ साथ लगी रहती हैं; इसलिए इन परछाइयों से जान छुड़ाने की सिर्फ़ एक शक्ल है कि मनुष्य इनकी आँखों में आँखें डाल दे और कहे : हाँ-हाँ, मुझे मालूम है...।

सच पूछिए तो मैं यह डायरी इसीलिए लिख रहा हूँ कि समय की आँखों में आँखें डालकर यह कह दूँ : हाँ-हाँ, मुझे मालूम है कि कल पाकिस्तान बन गया; मुझे यह भी मालूम है कि आज भारत स्वतंत्र हो गया है; और मुझे यह भी मालूम है कि मेरा नाम मुहम्मद वक़ारुल्लाह अंसारी है...।

परन्तु क्या सच केवल इतना ही है कि कल

पाकिस्तान बना और आज भारत स्वतंत्र हुआ और यह कि मेरा नाम मुहम्मद वक़ारुल्लाह अंसारी है? क्या वे पिछली शताब्दियाँ सत्य नहीं हैं, जो गुज़र गईं? और क्या वह क्षण सत्य नहीं है, जो अभी-अभी गुज़रा है? और आनेवाली शताब्दियाँ भी क्या सत्य नहीं हैं?

मेरे घर पर तिरंगा लहरा रहा है, और घर में सबको यह फ़िक्र है कि बड़े भाई 'दिल्ली में हैं' कहा जाए या 'दिल्ली में थे' कहा जाए? क्या यह प्रश्न भी उतना ही बड़ा सत्य नहीं है, जितना बड़ा सत्य यह है कि कल पाकिस्तान बन गया और आज भारत स्वतंत्र हो गया है?

...और आज का सबसे बड़ा सत्य तो यह है कि मैं आज बहुत ख़ुश हूँ और बहुत परीशान भी।

[वहशत अंसारी की डायरी का एक पन्ना]

अ पर ओ की मात्रा

'मुस्लिम ऐंग्लो वर्नाक्युलर हाई स्कूल' का नाम बदलकर 'मुस्लिम ऐंग्लो हिन्दुस्तानी हायर सेकेंड्री स्कूल' रख दिया गया। पुराना टिनवाला बोर्ड उतर गया और दीवार पर सीमेंट के शब्दों से यह नया नाम लिख दिया गया, ताकि शहरवालों को मालूम हो जाए कि यही नाम अब मुस्तक़िल हो गया है।

यह फ़ैसला बहुत सोच-विचार के बाद किया गया था। स्कूल की वर्किंग कमेटी के प्रेसिडेंट श्री हयातुल्लाह अंसारी ने कमेटी के दूसरे लोगों को बहुत देर तक समझाया कि देश के स्वतंत्र हो जाने के बाद 'वर्नाक्युलर' बहुत बुरा लगेगा, और सरकार को ख़ुश करने के लिए 'वर्नाक्युलर' की जगह 'हिन्दुस्तानी' कर देना आवश्यक है।

कमेटी के एक मेम्बर श्री वज़ीर हसन ने प्रश्न उठाया कि 'हिन्दुस्तानी' तो ठीक, लेकिन जब स्कूल में हायर सेकेंड्री तक पढ़ाई नहीं होगी, तो 'हायर सेकेंड्री' का दुमछल्ला क्यों लगाया जाए?

परन्तु हयातुल्लाह अंसारी के पास हर सवाल की तरह इस सवाल का जवाब भी तैयार था। बोले, "आप लोग भी कमाल करते

हैं। कांग्रेस सरकार को चूतिया बनाने का यही मौक़ा है। बलवों में इतने मुसलमान मारे जा रहे हैं कि बलवों के बाद सरकार मुसलमानों को फुसलाना शुरू करेगी। ओही लपेट में ई इस्कूलो हायर सेकेंड्री हो जइहै।"

परन्तु वज़ीर हसन भी चूकनेवाले नहीं थे। बोले, "तो ऐसा क्यों न किया जाए कि इस्कूल का नाम मुस्लिम ऐंग्लो हिन्दुस्तानी यूनिवर्सिटी रख दिया जाए? शहर में कोई यूनिवर्सिटी है भी नहीं। सरकार सोचेगी, चलो, नाम पहले से मौजूद है, तो यूनिवर्सिटी खोल ही दी जाए।"

श्री हयातुल्लाह अंसारी ने अपनी गांधी टोपी को सिर पर ठीक से जमाते हुए वज़ीर हसन की तरफ़ देखा। वह अपनी टोपी और वज़ीर हसन, दोनों ही से ख़ुश नहीं थे।

बात यह है कि वह और वज़ीर हसन दोनों ही साथ-साथ मुस्लिम लीग में शामिल हुए थे। वज़ीर हसन बड़ी ही जोशीली तक़रीरें किया करते थे। श्री अंसारी को भाषण के ख़याल ही से कँपकँपी लग जाया करती थी। नतीजा यह हुआ कि वज़ीर हसन मुस्लिम लीग की ज़िला कमेटी के सेक्रेटरी हो गए और अंसारी साहब सिर्फ़ नायब सदर बन सके! नायब सदर कहने में तो सेक्रेटरी से भला लगता है, परन्तु नायब सदर की हैसियत ही क्या! सदर न हो तो नायब सदर को मौक़ा मिले। और ऐसा कभी होता ही नहीं था कि सदर न हो।

ज़िला कमेटी के सदर श्री ग़ुलाम मुहम्मद उमर थे। यह ज़िला कमेटी के सदर और ग़ुलाम मुहम्मद उमर होने के साथ-साथ हाजी भी थे—और दौलतमंद भी। तंबाकू और गुलाब-जल का कारोबार करते थे; जबकि श्री हयातुल्लाह अंसारी, एम.ए., एल.एल.बी. (अलीगढ़) केवल एक वकील थे, जिनकी वकालत किसी तरह चलती ही नहीं थी। अड़ियल टट्टू की तरह थान ही पर हिनहिनाया करती थी। और ईमान की

बात तो यह है कि अंसारी मुसलमान ज़मींदारों को फाँसने के लिए ही मुस्लिम लीग में आए थे। और हुआ भी यही। मुस्लिम लीग में आते ही उनकी वकालत चल निकली। बाबू चंद्रिका प्रसाद और बशीर हसन आबदी-जैसे वकील धरे रह गए। ज़मींदारों को यह तो बहुत बाद में मालूम हुआ कि मुक़दमा इस लीगी इस्लाम से बड़ा होता है। परन्तु इस बीच में वह ज़िला बार असोसिएशन के नायब सदर भी हो गए। और उन्होंने काज़ीटोले में एक पक्का मकान भी बनवा लिया। और इसी झटके में उनकी बड़ी लड़की की शादी भी एक बड़े अच्छे घर में हो गई। बड़ा बेटा अपना मज़े में अलीगढ़ में पढ़ रहा था और शायरी कर रहा था। मुस्लिम लीग के जलसों में नज़्में सुना-सुनाकर वह ख़ासा मशहूर भी हो गया था और मुशायरों में बुलाया जाने लगा था और उसने बड़े-बड़े शायरों की ऐसी-तैसी कर रखी थी! हाजी ग़ुलाम मुहम्मद उमर अपनी बड़ी लड़की से उसका ब्याह करना चाहते थे...वहशत अंसारी का बाप होना कोई मामूली बात नहीं है साहब...!

ग़रज़ कि श्री अंसारी के जीवन में हर तरफ़ ख़ैरियत-ही-ख़ैरियत थी...।

फिर भी एक दुख था कि लीडरी वज़ीर हसन ही कर रहा था। और लीडरी वज़ीर हसन इसलिए कर रहा था कि उसे भाषण देना आता था। और इसीलिए वह ज़िला कमेटी का जनरल सेक्रेटरी हो गया और वह नायब सदर के नायब सदर रह गए। जब भी कोई 'ऑल इंडिया लीडर' आता तो वह वज़ीर हसन ही से बातें करता; क्योंकि ज़िला कमेटी के सदर हाजी ग़ुलाम मुहम्मद उमर तो एक अँगूठा-टेक व्यापारी थे। वह सुर्ती और चोट के भाव पर बातें कर सकते थे। पाकिस्तान के बारे में तो उन्हें केवल यह मालूम था कि

क़ायदे-आज़म कर रहे हैं तो कोई अच्छी ही चीज़ होगी।

वज़ीर हसन ने हाजी साहब को एक और पते की बात भी समझा रखी थी। वह बात यह है कि पंजाब के लोग बहुत हुक़्क़ा पीते हैं। इसलिए जब लाहौर में उनकी दुकान पर यह बोर्ड बनेगा कि 'हाजी ग़ुलाम मुहम्मद उमर ताजिर तंबाकू कशीदनी व ख़ुर्दनी व अर्क-ए-गुलाब (ग़ाज़ीपुरवाला) साबिक़ सदर ज़िला कमेटी आल इंडिया मुस्लिम लीग, ग़ाज़ीपुर' तो कारोबार चमक जाएगा। यह बात हाजी साहब की समझ में आ गई थी। और इसलिए पाकिस्तान एक तरह से उनका कारोबार भी हो गया था। वह जी-जान से पाकिस्तान बनवाने में लग गए थे। परन्तु इसका मतलब यह तो नहीं था न कि वह चौधरी ख़लीक़ुज़्ज़माँ या महम्मदाबाद के राजा, या साहबज़ादा लियाक़त अली ख़ाँ से बातें भी कर सकें। तो सदर ज़िला कमेटी यों गए और नायब और एम.ए., एल.एल.बी. (अलीगढ़) होने के बावजूद बोलने में ज़रा कमज़ोर पड़ते थे। खड़ी बोली में बात शुरू करते और दो-चार जुमलों के बाद भोजपुरी उर्दू पर उतर आते। इसलिए जब मुस्लिम लीग के ऑल इंडिया लीडर आते (चाहे वह लार के जहीरुद्दीन ही क्यों न हों!) तो उनसे बातें करने के लिए एंट्रेंस पास वज़ीर हसन ही आगे बढ़ाए जाते और श्री अंसारी दिल मसोसकर रह जाते।

फिर भी श्री अंसारी के दिल में एक अरमान कुलबुलाया करता था कि वह किसी कमेटी या संस्था के सदर हो जाएँ। तो साहब, ख़ुदा का करना ऐसा हुआ कि सन् बयालीस में यह अवसर भी आ गया। मुस्लिम लीग ने 'मुस्लिम ऐंग्लो वर्नाक्युलर हाई स्कूल' पर क़ब्ज़ा कर लिया। ख़ानबहादुर शेख़ सुबहानुल्लाह बर्क़ जौनपुरी[1] निकाल दिये

---

1. श्री हिम्मत जौनपुरी के दादा।

गए। सदर की जगह ख़ाली हो गई। वज़ीर हसन अपनी गोटियाँ फैला चुके थे। उन्हें एक सदर की ज़रूरत थी। श्री हयातुल्लाह अंसारी से अच्छा सदर भला उन्हें और कौन मिलता...और श्री हयातुल्लाह अंसारी का अरमान पूरा हो गया।

श्री हयातुल्लाह अंसारी बेचारों ने कभी सोचा भी नहीं था कि पाकिस्तान वाक़ई बन जाएगा। उनका तो यह ख़याल था कि अंग्रेज़ जानेवाला ही नहीं है। सर सैयद अहमद ख़ाँ से लेकर श्री हयातुल्लाह अंसारी तक बहुत-से मुसलमान बुद्धिजीवियों का यही ख़याल था कि ब्रिटिश सरकार का सूर्य अस्त होने के लिए नहीं निकला है। और इसीलिए उनके तमाम सपनों का आधार यही झूठा सच था। जो श्री हयातुल्लाह अंसारी को ज़रा भी यक़ीन होता कि पाकिस्तान बन जाएगा, तो वह उन बयानों पर कभी दस्तख़त न करते, जो उनके नाम से लीग की अंग्रेज़ी और उर्दू की पत्रिकाओं में प्रकाशित होते रहे!

श्री अंसारी के पास एक स्क्रैप-बुक थी। उस स्क्रैप-बुक में उनकी तमाम तसवीरों और बयानों के तराशे चिपके हुए थे। वह अक्सर उन बयानों को पढ़कर ख़ुश हुआ करते थे, जबकि उनके तमाम बयान वज़ीर हसन के लिखे हुए हुआ करते थे। वह गर्दन झिटकते—वज़ीर के सिवा और कौन जानता है? नाम तो मेरा ही छपता है। यह तसवीर किसकी है? वज़ीर हसन की या उसके बाप की...?

'आगे चलकर आलीजनाब मौलवी हयातुल्लाह साहब अंसारी, एम.ए., एल.एल.बी. (अलीगढ़), नायब सदर मुस्लिम लीग ज़िला ग़ाज़ीपुर ने हमारे मख़सूस नामा-निगार को बताया कि गांधी एक बगला भक्त है। ऊपर से क़ुरान पढ़ता है मगर कट्टर मुसलमान-दुश्मन है। और जवाहरलाल एक बहरुपिया है; और हमें सियासत का नाटक दिखला रहा है...'

इस प्रकार के अनगिनत बयान थे। इन्हें पढ़कर श्री अंसारी आराम से सो जाया करते थे...।

सन् पैंतालीस के चुनाव में मस्लिम लीग की जीत के बाद भी उन्हें यह ख़याल नहीं आया कि पाकिस्तान बनने ही वाला है।

परन्तु जब पाकिस्तान बन गया तो यह ख़याल उन्हें भिड़ की तरह चिमट गया कि पाकिस्तान बहुत दूर बना है और उन्हें गांधी और नेहरू के हिन्दुस्तान में ही रहना है। उनकी स्क्रैप-बुक उन्हें डरावने सपने दिखाने लगी।...अब मैं किसी को कैसे समझाऊँगा कि ये बयान वास्तव में वज़ीर हसन के हैं—बहनचोद क्या यह तसवीर भी वज़ीर हसन की है...?

और इसीलिए पाकिस्तान बन जाने के बाद उन्हें वज़ीर हसन से नफ़रत हो गई। और एक दिन उन्होंने अपनी क़ुराक़ुली जिन्ना टोपी अपने नौकर को दे दी। यह टोपी उन्होंने बड़े चाव से ख़रीदी थी। परन्तु उन्हें नंगे सिर रहने की आदत नहीं थी। तो एक दिन वह श्री गांधी आश्रम से एक गांधी टोपी ख़रीद लाए और दो-चार दिन के बाद बनारस के एक समाचार-पत्र में उनका एक बयान छपा था कि भारत के मुसलमानों को कांग्रेस में चला जाना चाहिए। पाकिस्तान एक ग़लती है...।

खादी के कपड़े पहनने में उन्हें बड़ी तकलीफ़ होती थी। परन्तु चारा ही क्या था? वज़ीर हसन के लिखे हुए बयानों पर दस्तख़त करने की सजा तो भुगतनी ही पड़ेगी न!

उन दिनों कांग्रेसवाले भी कुछ जल्दी में थे। उन्हें पता था कि चुनाव में उन्हें मुसलमान वोटों की ज़रूरत पड़ेगी। इसलिए उन्होंने धड़ाधड़ पुराने मुस्लिम लीगियों को शहर कमेटी, ज़िला कमेटी, अल्लम कमेटी और गल्लम कमेटी में भरना शुरू कर दिया। और इसी झटके

में श्री हयातुल्लाह अंसारी के घर का बोर्ड उतर गया और एक नया बोर्ड बनाया गया, जिस पर 'मौलवी' की जगह 'श्री' लिखा गया। 'नायब सदर ज़िला मुस्लिम लीग' की जगह 'नायब सदर ज़िला कांग्रेस कमेटी' लिखा गया। 'अलीग' मिटाया तो नहीं गया, परन्तु अक्षर बहुत छोटे कर दिये गए।

वज़ीर हसन ने यह बोर्ड देखकर कहा, "अरे भई! साबिक़ मौलवी और साबिक़ नायब सदर साबिक़ ऑल इंडिया मुस्लिम लीग भी लिखा लेते तो ज़्यादा रोब पड़ता।"

यह सुनकर बेचारे श्री हयातुल्लाह खिसियाने के सिवा और कर ही क्या सकते थे? चुनाँचे वह खिसिया लिये।

उनकी खिसियाहट देखकर वज़ीर हसन ने कहा, "मैं कांग्रेसी नहीं बनूँगा। बाक़ी तुम फ़िक्र न करो। तुम्हारे बयान लिख दिया करूँगा। 'आज' में जो तुम्हारा बयान निकला है, वह बहुत चूतियापे का है।"

वज़ीर हसन ने बहुत कड़वी बात कही थी। परन्तु श्री अंसारी उसे अपने क़हक़हे के वरक़ में लपेटकर जल्दी से निगल गए...।

कांग्रेस में चले जाने के कारण वज़ीर हसन से उनकी जान बच गई थी। और जभी उन्हें ख़याल आया कि स्कूल का नाम बदलकर वज़ीर हसन को जलील करना चाहिए। उनके दिमाग़ में कई नाम आए...'सुभाश मिमोरियल हायर सेकेंड्री' पर उनका जी जम गया। यदि 'ओल्ढम लायब्रेरी' का नाम बदलकर 'सुभाश पुस्तकालय' रखा जा सकता है तो 'ऐंग्लो वर्नाक्युलर' की जगह 'दी मुस्लिम सुभाश मेमोरियल हायर सेकेंड्री स्कूल' क्यों नहीं रखा जा सकता?

तो वज़ीर हसन ने उन्हें वह लतीफ़ा सुनाया कि जब ओल्ढम लायब्रेरी का नाम बदला जा रहा था, तो म्युनिसिपल बोर्ड के एक मेम्बर ने जलकर यह प्रस्ताव रखा कि 'कर्नवालिस टोंब' का नाम

बदलकर 'सुभाश समाधी' रख दिया जाए।

यह सुनने के बाद श्री अंसारी यह प्रस्ताव नहीं लाए। और तब वह 'हिन्दुस्तानी' की कौड़ी लाए। और वज़ीर हसन ने इसे झेल लेने का फ़ैसला कर लिया।

...तो नाम बदल दिया गया। 'ऐंग्लो वर्नाक्युलर' की जगह 'ऐंग्लो हिन्दुस्तानी' रख दिया गया। लेकिन किसी ने यह नहीं सोचा कि यह 'ऐंग्लो हिन्दुस्तानी' क्या होता है...।

परन्तु जब श्री अंसारी ने दूसरा प्रस्ताव रखा तो क़यामत आ गई। प्रस्ताव यह था कि हिन्दी के पंडित श्री गोबरधन 'बेकल' चिरैयाकोठी की तनख़्वाह बढ़ा दी जाए यानी उन्हें उतनी ही तनख़्वाह दी जाने लगे, जितनी उनके नाम चढ़ती है...।

वज़ीर हसन ने इस प्रस्ताव का बहुत डटकर विरोध किया। सच पूछिए तो वज़ीर हसन ने इतना डटकर विरोध किया कि कमेटी के दूसरे मेम्बरों को डर लगने लगा कि कहीं रामधनी चपरासी न सुन ले ये बातें! हालाँकि वह बेचारा दफ़्तर से दूर दालान के एक कोने में बैठा सुर्ती मल रहा था।

भला रामधनी को स्कूल के नाम और श्री गोबरधन 'बेकल' चिरैयाकोठी की तनख़्वाह में क्या दिलचस्पी हो सकती थी! वह तो एक ख़ानदानी चपरासी था। उसका ताया ज़िलाधीश का पंखा-कुली था। जाड़ों में गाँव जाकर ज़मींदार की चिलमें भर-भरकर दिन काट आया करता था। उसका बड़ा भाई सैदपुर तहसील के नायब तहसीलदार का चपरासी और तहसीलदारनी की नाक का बाल था। कभी आता तो अपनी तहसीलदारनी के बड़े क़िस्से सुनाता।...नायब साहब तो गांडू हैं।...बाक़ी मेहरारू ग़ज़ब की बाय...यह कहानियाँ सुनते समय रामधनी को यह ख़याल सताता रहता था कि 'ग़ज़ब की

कोई मेहरारू' आख़िर उसके हिस्से में क्यों नहीं आती?...उसे श्री अंसारी की बड़ी लड़की शम्सुन (असली नाम शम्सुन्निसा) बड़े ग़ज़ब की लगती थी। शम्सुन उससे चार-पाँच साल बड़ी थी। रामधनी जब बड़ा नहीं हुआ था, तो चपरासी के लड़के की हैसियत से अंसारी साहब के घर आया-जाया करता था। उसे नहीं मालूम कि वह 'शम्सुन' और इंग्लिश टीचर बुख़ारी का डाकिया कैसे बन गया!... मगर सब टाँय-टाँय फिस्स हो गया। शम्सुन की शादी हो गई और बुख़ारी साहब की तरह वह भी टापता रह गया। अब वह अंसारी साहब के घर भी नहीं जाता; क्योंकि वह बड़ा हो गया है। बुख़ारी को डाकिए की ज़रूरत भी नहीं है; क्योंकि उन्हें मँझली बेटी बुतुल का ट्यूशन मिला और फिर श्री अंसारी ने बुख़ारी ही से बुतुल की शादी कर दी।...और उनकी छोटी बेटी शहरनाज़ उससे बहुत छोटी थी। स्कूल में बड़ी कानाफूसी चल रही थी कि श्री अंसारी बुख़ारी को प्रिंसिपल बनाना चाहते हैं...!

कहने का मतलब यह है कि रामधनी को स्कूल के रगड़े में कोई दिलचस्पी नहीं थी। उसे शायद यह मालूम था कि देश ग़ुलाम रहे या स्वतंत्र हो जाए, वह चपरासी ही रहेगा। वह तो केवल यह चाहता कि किसी लड़की को ख़त लिखे। चूँकि उसके ख़याल में प्रेम-पत्र उर्दू में लिखे जाते हैं (बुख़ारी-शम्सुन ख़तो-किताबत उर्दू ही में हुआ करती थी), इसलिए वह मोली साहब से, कि जिनका पूरा नाम मौलवी मुहम्मद बद्रुल हसन 'वफ़ा' फैज़ाबादी था, उर्दू सीख रहा था...।

रामधनी का सारा समय तो उर्दू सीखने में बीत रहा था, तो उसे भला कहाँ फ़ुरसत थी कि वह कमेटी में होनेवाली तक़रीरें सुनता!

...परन्तु कमेटी के लोगों को तो यह नहीं मालूम था न!

"अरे भई वज़ीर..." श्री अंसारी ने घबराकर कहा।

वज़ीर हसन बोलते-बोलते पल-भर के लिए रुके। उन्होंने श्री अंसारी की तरफ़ बड़ी नफ़रत से देखा। बेचारे श्री अंसारी अपनी कुर्सी में सिकुड़ गए। वज़ीर हसन ने मेज़ पर इतने ज़ोर से हाथ मारा कि गर्द की चादर में लिपटा हुआ क़लमदान उछल पड़ा। यदि दवातों में रोशनाई रही होती तो अवश्य फैल गई होती। परन्तु, वह तो ख़ुदा भला करे अंग्रेज़ों का, जिन्होंने फ़ाउंटेन-पेन बना डाला। क़लमदान तो बाप-दादा की उन तसवीरों की तरह रह गए हैं, जिनमें वह तलवार लगाए अकड़कर बैठे दिखाई देते हैं...!

"मैं पूछता हूँ कि बद्दुल हसन, और मास्टर अलताफ़, और शेख़ मोहीउद्दीन, और मास्टर जब्बार और मास्टर अतहर..."

वज़ीर हसन ने स्कूल के तमाम मास्टरों के नाम ले डाले और सवाल किया, "...और यह जो प्रिंसिपल अलीमंजर वग़ैरा हैं, इन्होंने क्या क़सूर किया है कि इनकी तनख़्वाहें न बढ़ाई जाएँ और गोबरधन ने कौन-सा ऐसा तीर मारा है कि उनकी तनख़्वाह बढ़ा दी जाए? क्या सिर्फ़ इसलिए कि वह गोबरधन हैं तो एकदम से बड़े क़ाबिल हो गए हैं, और दूसरे मास्टर चूँकि मुसलमान हैं, इसलिए चूतिए के पट्ठे हैं कि गाँड़ मराएँ और पढ़ाएँ?"

श्री हयातुल्लाह अंसारी ने सबकी तरफ़ बड़ी बेबसी से देखा और तब वह ख़ाली क़लमदान को देखते हुए बोले, "इसका तो ख़याल करो वज़ीर, कि हम लोग एक स्कूल की वर्किंग कमेटी हैं। गाली तो न बको।"

"गाली न बकूँ तो क़ुरान पढ़ूँ? तुम लोगों का दोगलापन देखकर मेरी झाँट सुलग जाती है।"

वज़ीर ने कमेटी के मेम्बरों की तरफ़ बड़ी हिक़ारत से देखा।

फिर उसने अपनी जिन्ना टोपी ओढ़ी और खड़ा हो गया :

"हाई स्कूल की बत्ती बनाकर अपनी गाँड़ में रख ल्यो हयातुल्ला! अब ई इस्कूल नहीं रह गया है। ई कोठा है जेपर हम लोगन की गैरत रंडियन की तरह बैठके पेशा कर रही है। सलामालेकुम।"

वज़ीर हसन कमेटी के कमरे से निकल गया। कमेटी के तमाम मेम्बर सन्नाटे में आ गए।

श्री अंसारी ने थोड़ी देर बाद गला साफ़ करके कहना शुरू किया, "तो यह तय किया जाता है कि बाबू गोबरधन प्रसाद 'बेकल' चिरैयाकोठी की ख़िदमात को पेशे-नज़र रखते हुए उनकी तनख़्वाह में इज़ाफ़ा कर दिया जाए...।"

मैं पाँच बरस से लगातार अपने-आपसे पूछ रहा हूँ—मैं कौन हूँ? मेरी पहचान क्या है? मेरी जड़ें कहाँ हैं? मुस्लिम लीगी होने का अर्थ क्या है आख़िर...?

[वहशत अंसारी की डायरी]

स

वज़ीर हसन और श्री हयातुल्लाह अंसारी में बड़ा फ़र्क़ था। श्री अंसारी पाकिस्तान बनवाकर पछता रहे थे और यह पछतावा उनकी आत्मा की सड़ी हुई दीवार में लोने की तरह लगता ही जा रहा था।

वज़ीर हसन पाकिस्तान बनवाकर झल्ला रहे थे। इसलिए नहीं कि बलवों में बहुत मुसलमान मारे गए। क्योंकि बलवों में हिन्दू भी बहुत-से, कुछ कम नहीं मारे गए थे। पाकिस्तान उनके लिए कोई सियासी चाल नहीं था बल्कि उनका विश्वास था। उन्होंने पाकिस्तान जाने के बारे में कभी नहीं सोचा। इसलिए नहीं कि वह श्री अंसारी की तरह नेशनलिस्ट हो गए थे। इसलिए भी नहीं कि उन्हें इसका डर नहीं था कि बलवे में वह भी मारे जा सकते हैं। उनकी टेक यह थी कि वह अपना घर छोड़कर क्यों जाएँ?

"मैं पैगम्बर नहीं हूँ कि हिजरत को फ़लसफ़ा बना लूँ।" बड़े बेटे ने जब पाकिस्तान जाने की ज़िद की तो उन्होंने उसकी आँखों में आँखें डालकर यह कह दिया, "मैं एक गुनहगार आदमी हूँ और उसी सरज़मीन पर मरना चाहता हूँ, जिस पर मैंने गुनाह किए हैं।"

ज़ाहिर है कि बेचारा अली बाक़र इसका क्या जवाब देता। बाप का मुँह देखता रह गया।

वज़ीर हसन मुस्कुरा दिये और बोले, "मियाँ, तुम नहीं समझोगे ये बातें। वह दीनदयाल जो अब बाबू दीनदयाल हो गया है न, और जो मुसलमानों को हर वक़्त गालियाँ दिया करता है न, मेरा लँगोटिया यार है। हम दोनों साथ अमरूद चुराने जाया करते थे। हम दोनों ने एक साथ कुँजड़ों की गालियाँ खाई हैं। जो मैं चला जाऊँगा तो उसके बिना में वहाँ अधूरा रहूँगा और मेरे बिना वह यहाँ। ऐसी बहुत-सी बातें हैं मेरे पास, जो मैं सिर्फ़ दीनदयाल से कह सकता हूँ; और उसके पास भी ऐसी हज़ारों बातें हैं, जो वह सिर्फ़ मुझी से कह सकता है। तो उन बातों का क्या होगा? मुस्लिम लीग हो या महासभा, वह दीनदयाल और वज़ीर हसन से बड़ी नहीं है। लेकिन तुम ये बातें नहीं समझ सकते; क्योंकि हमें हमारे बुज़ुर्गों से कुछ रवायतें मिली थीं। और तुम्हें अपने बुज़ुर्गों से सिर्फ़ कुछ सियासी नारे मिले। क़ुसूर तुम्हारा नहीं है। क़ुसूर हमारा है। दीनदयाल अभी कल ही कह रहा था कि उसके बेटे ने उससे पूछा कि वह अब भी वज़ीर चाचा के यहाँ क्यों आता-जाता है?"

"तो क्या जवाब दिया उन्होंने?" अली बाक़र ने पूछा।

"बताता हूँ। लेकिन शायद उसका जवाब भी तुम्हारी समझ में नहीं आएगा। उसने कहा—वज़ीर चाचा नहीं, वज़ीर चचा? क्या समझे?" वह खिलखिलाके हँस दिये।

बात वाक़ई अली बाक़र की समझ में नहीं आई। और इसीलिए वह पाकिस्तान चला गया। वज़ीर हसन ने उसे आक़ कर दिया। इसलिए नहीं कि वह पाकिस्तान के विरोधी हो गए थे; इसलिए भी नहीं कि हिन्दुस्तान से उन्हें प्यार हो गया था, बल्कि इसलिए कि हिन्दुस्तान उनका घर था। और घर नफ़रत और मुहब्बत, दोनों ही से ऊँचा होता है। मुहब्बत एक बहुत छोटा शब्द है। इतना छोटा कि उसमें आँगन का एक कोना भी नहीं समा सकता।...परेशानी यह है कि भाषा के पास मुहब्बत से बड़ा कोई शब्द नहीं है।... इबरानी भाषा में शायद कोई शब्द हो मनुष्य और घर के सम्बन्ध की गहराई या ऊँचाई नापनेवाला! क्योंकि घर छूटने का अर्थ केवल वही भाषा जानती है। अब पंजाबी, बंगला, असमी, उर्दू और सिंधी भाषाओं में भी अवश्य घर और मनुष्य का सम्बन्ध बतानेवाला शब्द बन जाएगा, क्योंकि इन भाषाओं के सामने यह प्रश्न उठ खड़ा हुआ है। मुहब्बत बहुत आगे बढ़े, तब भी माँ या भगवान से आगे नहीं बढ़ सकती।...ये भाषाएँ इतनी छोटी क्यों होती हैं आख़िर? मैं वज़ीर हसन के व्यक्तित्व को प्रकट करने के लिए शब्द माँगने कहाँ जाऊँ?

घर! देखने और सुनने में कैसा फटीचर लगता है यह शब्द! परन्तु यह एक शब्द मनुष्य की हज़ारों-हज़ार शताब्दियों का इतिहास है। तो मनुष्य अपने इतिहास से भागकर कहाँ जाए? यह शब्द दुम की तरह साथ लगा रहेगा।...घर। यह शब्द मुहब्बत, नफ़रत, धर्म और भगवान—सबसे बड़ा है। आदमी दीनदयाल हो जाए या वज़ीर हसन या श्री हयातुल्लाह अंसारी—घर की सीमा से निकल नहीं सकता। घर। यह बड़ा अजीब शब्द है! जो शब्द भगवान है, वह शायद यही है। यह समय, इतिहास, ज़िन्दगी और मौत—सबसे बड़ा है। जो मनुष्य के जीवन से यह शब्द निकाल दिया जाए तो

वह खोखला हो जाएगा। इस शब्द का अर्थ केवल यहूदियों और शरणार्थियों को मालूम है...।

वज़ीर हसन की आत्मा में यही तूफ़ान आया हुआ था। परन्तु अली बाक़र को इस तूफ़ान का ज्ञान नहीं था, क्योंकि उसे अपने बुज़ुर्गों से परम्पराएँ नहीं मिली थीं, बल्कि केवल एक नारा मिला था :

पाकिस्तान ज़िन्दाबाद!

तो अब पाकिस्तान बन गया! अब लाखों-लाख अली बाक़र और बक़ारुल्लाह, वहशत अंसारी, सईद और ज़ुब्बैर...क्या करें? अब जीवन का आधार क्या हो? सपने कहाँ से आएँ, क्योंकि सपनों के बिना जीना तो असम्भव है। ...ये लोग सपनों के इन्तज़ार में जाग रहे थे। इन्हें किसी ने यह बताया ही नहीं कि सपनों के लिए आँखें बन्द करनी पड़ती हैं।

वज़ीर हसन का घर लगभग चार हज़ार बरस पुराना था। आप इस पर आश्चर्य न करें। घर दीवारों का नाम नहीं बल्कि एक कल्पना का नाम है। वज़ीर हसन के पुरखों में से किसी ने पिछली शताब्दियों की धुन्ध में इस्लाम स्वीकार किया था। परन्तु इस्लाम स्वीकार करने से पहले भी तो घर रहा होगा। वज़ीर हसन की आत्मा उम्र में ग़ाज़ीपुर से बड़ी है। तब गंगा के तट पर वह किला नहीं बना था, जिसमें आज का डी.ए.वी. डिग्री कॉलेज है। तब भितरी में अशोक की वह लाट नहीं गड़ी थी, जो अब बनारस में है। तब अयोध्या के राजा दशरथ शिकार खेलने नहीं निकले थे...अब तो दूरी की वजह से कुछ दिखाई भी नहीं दे रहा है, परन्तु वज़ीर हसन की आत्मा की आवाज़ आ रही है। क्षणों, दिनों, महीनों और शताब्दियों का एक अटूट सिलसिला है, जो इतिहास के उस पार चला गया है।...चला

गया है...शायद ऋग्वेद की ऋचाओं में नदियों की तरह बहते और जंगलों की तरह सनसनाते और पहाड़ों की तरह गंभीर वातावरण के पार तक! कैसी अयोध्या, कैसी काशी, और कैसा पाटलिपुत्र, तक्षशिला, वैशाली...एक अकेले वज़ीर हसन की आत्मा इन सबसे पुरानी है, और इन सबसे बड़ी है। वज़ीर हसन की आत्मा उन टीलों में है जो ग़ाज़ी मियाँ के रोज़े से ज़रा-सा हटकर ईंधन के भट्ठों के पास चुपचाप खड़े, गुज़रती हुई रेल को देखा करते हैं। ...वज़ीर हसन को ये बातें नहीं मालूम थीं, परन्तु उन्हें यह अवश्य मालूम था कि दीनदयाल उनका लंगोटिया यार है।...और उन्हें यह भी मालूम था कि न जाने क्यों वह ग़ाज़ीपुर को छोड़ना नहीं चाहते।

...और इसीलिए उस दिन वह स्कूल की वर्किंग कमेटी के जलसे से बहुत उदास आए।

उनका घर स्कूल से मिला हुआ था। नहीं! मैंने ग़लत कहा। स्कूल उनके घर से मिला हुआ था। स्कूल नया था। घर पुराना था। स्कूल की नई इमारत के लिए उन्होंने वह ज़मीन दे दी थी, जिस पर वह अली बाक़र के लिए मकान बनवाना चाहते थे। और यह चन्दा उन्होंने उस वक़्त दिया था, जब उन्हें यह ख़याल भी नहीं था कि अली बाक़र के लिए वह एक नया मुल्क बनवानेवाले हैं। यह चन्दा उन्होंने मुस्लिम लीग की कांफ्रेंस में पाकिस्तान का प्रस्ताव आने से पहले दिया था। ...वह आदर्शवादी थे। और बेटा चाहे अली बाक़र की तरह इकलौता ही क्यों न हो, आदर्श से छोटा होता है। स्कूल उनका आदर्श था। उन्होंने कोई मस्जिद नहीं बनवाई। मस्जिदों के लिए चन्दा भी वह बड़ी मुश्किल से दिया करते थे। जभी तो उन्होंने स्कूल के लिए जब इतनी बड़ी ज़मीन चुपचाप दे डाली तो सारे शहर का मुँह खुले-का-खुला रह गया। हद तो यह है कि बर्क़ जौनपुरी तक

ने कहा कि साहब, ग़ाज़ीपुर में भी एक-आध दिलवाले रहते हैं। जहाँ तक मुझे याद आता है, उन्होंने अपनी एक मसनवी में इसका ज़िक्र भी किया है। वज़ीर हसन ने स्कूल की इमारत को बनते यों देखा था, जैसे कोई सपना देखता हो या जैसे माँ बच्चों को जवान होता देखती है तो दिल-ही-दिल में फूली नहीं समाती; परन्तु मुँह से कुछ नहीं कहती कि कहीं नज़र न लग जाए! वास्तव में वज़ीर हसन के दो बेटे थे। बड़े बेटे का नाम था मुस्लिम ऐंग्लो वर्नाक्युलर स्कूल और छोटे बेटे का नाम था अली बाक़र खाँ।

बड़े बेटे ने अपना नाम बदल लिया!

छोटा बेटा पाकिस्तान चला गया!

वज़ीर हसन अपनी आत्मा की पुरानी बस्ती में अकेले रह गए...!

अकेले!—यह शब्द कितना बेदर्द है। अकेलेपन का यह ज़हर उनकी रगों में दौड़ रहा था। वह श्री हयातुल्लाह अंसारी नहीं थे कि उनकी राजनीति भी उनकी टोपी में होती। यह अपना देश भी अजीब है कि यहाँ राजनीति विचारों से नहीं पहचानी जाती, बल्कि टोपियों से पहचानी जाती है। अधिकतर लोगों के पास तो कोई विचारधारा होती ही नहीं—केवल टोपियाँ होती हैं। और जिनके पास विचारधारा होती भी है, वे भी टोपियों पर ज़्यादा भरोसा करते हैं। मैंने जनसंघी, कांग्रेसी और मुस्लिम लीगी कम्यूनिस्ट देखे हैं। सवाल विचारधारा का नहीं, सवाल टोपियों का है और इसीलिए तो लोकसभा में कबड्डी होती रहती है; टोपियाँ उछलती रहती हैं। आत्मा का कोई रंग नहीं होता। टोपियाँ रंग-बिरंगी होती हैं—परन्तु वज़ीर हसन की आत्मा रंगीन थी। उनकी आत्मा का रंग सब्ज़ था। यह सब्ज़ी धान के खेतों की नहीं थी, बल्कि रुके हुए गहरे पानी की थी—यह सब्ज़ी काई की थी। और चूँकि उनकी आत्मा का एक रंग था, इसीलिए

दीनदयाल से उनकी दोस्ती उसी तरह बनी हुई थी। अब मुलाक़ातें ज़रा कम होती थीं। सन् '21-22 से अलगाव शुरू हो गया था। पानी में बेसहारा बहनेवाली चीज़ों की तरह ये दोनों अलग होते जा रहे थे। सन् '35 में दोनों ने इस अलगाव को महसूस किया। सन् '40 तक बीच में एक दीवार उठ गई। '45 में दोनों, नदी के अलग किनारों पर थे—नदी से अलग। नदी से बेतअल्लुक! नदी के दर्द से आशना।... दीनदयाल मुसलमानों से झल्लाए हुए थे। वज़ीर हसन हिन्दुओं से डरे हुए थे। झल्लाहट का रंग गेरुवा हो गया और डर का रंग सब्ज़। परन्तु दोनों मिलते तो अपने डर या अपनी झल्लाहट की बातें नहीं करते।

दीनदयाल बोले, "अली बाक़र से कहके दरख़ास्त दिलवाय दियो। हम पंथ जी से कह देंगे।"

वज़ीर हसन कहते, "तू ख़ुद काहें न कहत्यो अली बाक़र से कि दरख़सिया दे दें? हम कउन होते हैं कहे वाले? ऊ ठहरे अल्ला रक्खे नेशनलिस्ट मुसलमान। मुस्लिम लीगी बाप की बात भला माने को हैं!"

"हे वज़ीर," दीनदयाल बोले, "तूँ हम्में चराए की कोशिश मत करो। तूँ मुहम्मद अली जिन्ना ना हो कि हम तूँहे जनबे ना करते। तूँ मुस्लिम लीगी न हो सकत्यो।"

"मुस्लिम लीग गई अपनी माँ की चूत में।" वज़ीर हसन ने कहा, "हम त ख़ाली ई चाह रहें कि हिन्दुस्तान के मुसलमान को भी जीए का हक़ मिले। हम हिन्दुस्तान से गाँड़ मराए को तैयार ना हैं।"

"गाँड़ त ख़ैर तूँ कोई से न मरायौ। अरे ऊ मोली समीउल्ला का भयजी जो तूँहे बड़ा फुसलाए की कोशिश किहन बाक़ी तूँ पुट्टे पर हाथ ना धरे दियौ।"

पल-भर के लिए दूरियाँ मिट गईं। हसन मुस्कुरा दिये। कैसा

पाकिस्तान और कैसा अखंड भारत!

"मर गया साला।"

बात ख़त्म हो गई। परन्तु बात ख़त्म नहीं हुई थी। दीनदयाल यह सोच रहा था कि हिन्दुस्तानी मुसलमानों को जीने का अधिकार दिलाने के लिए पाकिस्तान बनवाने की क्या ज़रूरत है!

चुनाँचे दीवार फिर उठ गई। मुस्कुराहट बिजली की तरह चमकी। पल-भर के लिए उजाला करके अँधेरे को और बढ़ा गई।

दोनों दोस्त एक चायख़ाने में जा बैठे। मुस्लिम लीग की बिसात बिछी हुई थी। छुट्टियों में अलीगढ़ से आया हुआ वहशत पाकिस्तान पर भाषण दे रहा था।

"हिन्दुस्तानी मुसलमानों को भी जीने का उतना ही हक़ है..."

"ए बेटा, तो हिन्दुस्तान में रहके जीए का हक़ माँगो।" दीनदयाल ने कहा, "भाई, बात हमारी समझ में ना आती कि हिन्दुस्तानी मुसलमानों को जीए के वास्ते एक ठो नये मुलुक की का ज़रूरत है?"

"तूँ लोग जीए जो ना दे रह्यो।' वज़ीर हसन ने कहा।

"तूहें कउन तकलीफ़ है?"

"ए भाई, हम का हमहीं हैं? हमारे बाप-दादा हम ना रहे का अउर हमारी आल-औलाद हम ना रहिए का?" वज़ीर हसन ने दीनदयाल की आँखों में आँखों डालके पूछा, "ई लौंडे को पहचान ना रह्यो का? पैदा भया रहा त एक नाम वक़ारुल्ला रक्खा गया रहा। अलीगढ़ कालिज जाके वहशत अंसारी हो गया।" वह वहशत की तरफ़ मुड़े, "सुन रहें कि तूँ बहुत मशहूर शायर हो गए हो?"

वहशत का ख़याल था कि वज़ीर हसन उसे नहीं पहचानते

होंगे, इसीलिए वह धड़ल्ले से सिगरेट पी रहा था। परन्तु जब उसने देखा कि वह पहचान लिया गया तो उसने सिगरेटवाला हाथ मेज़ के अन्दर कर लिया।

वज़ीर हसन बोले, "बेटा, तूँ पढ़े-लिखे हौ। तनी समझाओ इन ठाकुर दीनदयाल सिंह को जो रहमत की दुकान में बैठे पाकिस्तान पर शक कर रहें।"

"तूँ समझो।" दीनदयाल बोले।

"भाई, हम त ई जानते हैं कि हम पाकिस्तान को ठीक समझ रहें त बनवाए की फ़िकिर में हैं। तो ई समझ रह्यो कि पाकिस्तान ठीक ना है त मत बने दियो।"

बात इतनी सीधी थी।

इसीलिए वज़ीर हसन झल्लाए हुए थे कि दीनदयाल ने आख़िर पाकिस्तान बनने ही क्यों दिया...!

वह स्कूल से निकल के अपने घर की गली में मुड़े ही थे कि श्री गोबरधन प्रसाद 'बेकल' चिरैयाकोठी से मुलाक़ात हो गई।

"तसलीमात अर्ज़ करता हूँ कँवर साहब!" 'बेकल' चिरैयाकोठी ने झुककर सलाम करते हुए कहा।

वज़ीर हसन ने आँखें उठाईं। वह मुस्कुरा दिये।

"अब तसलीमात छोड़िए बाबू गो़बरधन प्रसाद! तसलीमातें तो पाकिस्तान चली गईं।"

'बेकल' चिरैयाकोठी ने दाँत निकाल दिये और बोले, "कँवर साहब!

...जन्नत न कुनद चारए-अफ़सुर्दगी-ए-दिल।
तामीर ब अन्दाज़-ए-वीरानीए-मा नीस्त।"

"अबे गोबरधन प्रसाद, चूतिए हुए हो क्या? वहाँ कमेटी हिन्दी

टीचर की तनख़्वाह बढ़ा रही है और तुम यहाँ खड़े-खड़े फारसी के शेर सुना रहे हो!"

"आपका बहुत-बहुत शुक्रिया कँवर साहब! जो तनख़्वाह मिलती थी, उसमें गुज़र नहीं हो रहा था।"

"पाँव बहुत बड़े हो गए हैं क्या?"

"पाँव बड़े नहीं हुए हैं कँवर साहब! चादर दिन-ब-दिन छोटी होती जा रही है। घर से कुछ आम आ गए थे। सोचा कि ड्योढ़ी पर दे आऊँ।"

"आम की फ़सल तो एह साल कमज़ोर जना रही।"

"जी हाँ, फसल तो अच्छी आई थी। मगर ओलों ने तबाह कर दी।"

"बिटिया की शादी-वादी कहीं ठीक-ठाक की या नहीं?"

"मैं क्यों फ़िक्र करूँ कँवर साहब? अल्लाह जब चाहेगा, हो जाएगी।"

"ए भाई अल्लाह मियाँ, अभई तक इहईं डटे हुए हैं का? ख़ैर, छोड़ो। तनख़्वाह बढ़े की मिठाई कब खिला रह्यो?"

"मैं आपका शुक्रिया किस ज़बान से अदा करूँ!"

"ज़बान से नहीं बाबू गोबरधन प्रसाद...ज़बान में! हयातुल्ला के घर जाके हिन्दी में उनका शुक्रिया अदा कीजिए।" यह कहकर वह आगे बढ़ गए।

बेचारे 'बेकल' चिरैयाकोठी हैरान खड़े रह गए कि आख़िर आज कँवर साहब को हो क्या गया है!

कँवर वज़ीर हसन ख़ाँ को ख़ुद यह नहीं मालूम था कि उन्हें क्या हो गया है। उन्हें केवल यह मालूम था कि वह झल्लाए हुए हैं।

यह बात उनकी बीवी हाज़रा को भी मालूम थी। इसीलिए वह अब बहुत कम बोलती थी। कोई उसे देखता तो लगता कि वह कुछ

सोच रही है, जबकि वह दिन-रात अपने-आपसे केवल एक सवाल किया करती थी। अली बाक़र पाकिस्तान के ख़िलाफ़ था और वह पाकिस्तान में है और यह (यह यानी वज़ीर हसन, बीवियाँ ख़यालों में भी मियाँ का नाम नहीं लेतीं, 'यह, वह' किया करती हैं) पाकिस्तान बनवाने में जी-जान से लगे हुए थे, तो यह यहीं हैं। ऐसा क्यों है? 'उनसे' पूछना सम्भव नहीं था, क्योंकि वह तो कोई बात करो तो काटने को दौड़ते हैं! दिल-ही-दिल में हाज़रा अपने 'उन' से बहुत झल्लाई हुई थी। न यह मुआ पाकिस्तान बनता और न वह अपने अली बाक़र से अलग होती। उसके लिए पाकिस्तान का अर्थ यह था कि वह अपने इकलौते बेटे से जुदा हो गई है। वह राजनीति नहीं जानती थी। वज़ीर हसन और अली बाक़र, दोनों ही के लाख कहने के बावजूद वह वोट देने नहीं गई :

"नौज, मैं क्यों जाऊँ ग़ैर मर्दुओं को वोट देवे? तोहरे लोगन को लेवे को हो त ले ल्यो!"

वज़ीर हसन ज़ोर मारते कि वह मुस्लिम लीग को वोट दें और अली बाक़र कहता कि शाकिर अली एडवोकेट को। बाप-बेटे में घंटों बहस होती। बाप ग़ुस्से में चिल्लाने लगता। बेटा अपनी आवाज़ कभी ऊँची न करता। सुनता रहता और मुस्कुराता रहता। और जब बाप जी भर के बमक चुकते तो वह चुपके-से कुछ बोल देता और आँगन फिर बाप की चिंघाड़ से गूँजने लगता। पाकिस्तान नहीं बना था तो घर में कैसा मनसैना रहा करता था! अब तो आबेदा को भी चुप्पी लग गई है...।

हाज़रा ने अपनी बहू की तरफ़ देखा। उसका हुस्न उन्हें मैला-मैला-सा दिखाई दिया, जैसे शीशे पर महीनों की गर्द पड़ी हुई हो!

हाज़रा अपनी बहू को बहुत चाहती थी और अपनी पोती शहला

पर तो वह जान देती थी। शहला! उसे यह नाम पसन्द नहीं था। वह चाहती थी कि पोती का नाम रुकय्या या कनीज़ फ़ातिमा रखा जाए। परन्तु अली बाक़र नये फ़ैशन का नाम रखना चाहता था।...शहला। नौज! यह भी कोई नाम हुआ...!

शहला एक पलंग पर लेटी हौले-हौले गुनगुना रही थी :

माई मेरे नैनन बान, परी री॥
जा दिन नैनां श्याम न देखों बिसरत नाहीं घरी री॥
चित बस गई साँवरी सूरत, उर तें नाहीं टरी री॥
मीराँ हरि के हाथ बिकानी, सरबस दे निबरी री॥
माई मेरे नैनन बान परी री॥

हाज़रा का कलेजा धक्-से हो गया। शहला की आवाज़ में यह दर्द कहाँ से आ गया? हाज़रा ने पलटकर शहला की तरफ़ देखा।

सोलह बरस की छोकरी बीस बरस की लग रही थी। यह लड़कियों को जवान होने की इतनी जल्दी क्या होती है आख़िर?—हाज़रा ने सोचा। और इन उथल-पुथल के दिनों में तो इन्हें जवान होना ही नहीं चाहिए।

'माई मेरे नैनन बान परी री।' शहला गुनगुनाए चली जा रही थी। हाज़रा के दिल का घाव खुल गया। उसे वह दिन याद आने लगे, जब वह दिन गिना करती थी कि कब गर्मी आएगी और गर्मी के साथ वज़ीर आएँगे। शौहर होने से पहले वज़ीर उसका चचा-जाद भाई था।...वह उन दिनों को याद करके शरमा गई...

माई मेरे नैनन बान परी...

शहला अब तक गुनगुना रही थी।

हाज़रा का कलेजा धक्-से हो गया। वह पढ़ी-लिखी नहीं थी, परन्तु 'नैनन बान परी' का अर्थ जानती थी। यह उसकी अपनी भाषा थी। वह लिखना नहीं जानती थी, परन्तु यह भाषा बिलकुल उसी तरह उसकी थी, जैसे हाज़रा उसका नाम था, और मिट्टी की मोटी-मोटी दीवारोंवाला यह घर उसका घर था। घर और नाम की तरह मातृभाषा की कोई लिपि नहीं होती। वास्तव में तो भाषा और लिपि का सम्बन्ध कोई अटूट सम्बन्ध नहीं होता। लिपि तो भाषा का वस्त्र है। उसका बदन नहीं है—आत्मा की बात तो दूर रही। मातृभाषा की तरह कोई मातृलिपि नहीं होती; क्योंकि लिपि सीखनी पड़ती है और मातृभाषा सीखनी नहीं पड़ती। वह तो हमारी आत्मा में होती है, और हवा की तरह साँस के साथ हमारे अन्दर जाती रहती है। साँस लेने की तरह हम मातृभाषा भी सीखते नहीं। बच्चे को जैसे दूध पीना आता है, उसी तरह मातृभाषा भी आती है। माँ के दूध और मातृभाषा का मज़ा भी शायद एक ही होता है; परन्तु लिपि एक बाहरी चीज़ है! शब्द वही रहता है, शब्द का अर्थ भी वही होता है; चाहे उसे जिस लिपि में लिख दिया जाए। कैसे मूर्ख हैं ये लोग, जो लिपि को भाषा से बड़ा मानते हैं! यह हाज़रा जो ग़ाज़ीपुर के मुहल्ला बरबरहना के एक पुराने घर के एक दालान में लेटी चर्खीवाला पंखा झल रही है, यह तो कोई लिपि नहीं जानती—तो क्या इसकी कोई मातृभाषा भी नहीं होगी?

माई मेरे नैनन बान परी।
नैनन बान परी।

कब पड़ी बेटा? किसकी 'नैनन बान परी' बेटा? तू तो अब जाके सोलह बरस की भई हो और तेरा बाप पाकिस्तान में है। 'तूँ नैनन

बान मत खावो'। क्या पता, वह कब आए और तुझे ले जाए...!

प्रेम और राजनीति। —कैसी अजीब बात है!

हाज़रा ने कनखियों से बहू की तरफ़ देखा। इस शीशे की धूल कौन साफ़ करेगा आख़िर? अली बाक़र तो तलाक़ देकर अलग हो गया। सुना है, वहाँ उसने दूसरी शादी भी कर ली। ...तो इस आबेदा का क्या होगा? मायकेवाले पाकिस्तान चले गए। ख़ुदा उनको ज़िन्दा रक्खे, परन्तु हमारे बाद क्या होगा इस आबेदा का?...क्या इसकी तक़दीर में कोई भविष्य नहीं है? अब तो ऐसा लगता है कि किसी की तक़दीर में कोई भविष्य नहीं है...।

हाज़रा ने 'बेकल' चिरैयाकोठी के लाए हुए आम एक बाल्टी में ठंडे होने के लिए डाल दिये।

...माई मेरे नैनन बान परी।

शहला गुनगुनाए चली जा रही थी। उसकी आवाज़ उस घड़ौंची तक भी जा रही थी, जहाँ हाज़रा अपने लिए कटोरे में पानी उड़ेल रही थी। उसकी आवाज़ उस पलंग तक भी जा रही थी, जिस पर लेटी हुई आबेदा यह सोच रही थी कि आख़िर मेरा क्या क़सूर है? उसकी आवाज़ आँगन तक भी जा रही थी और उसे सुनकर वज़ीर हसन ठिठक गए।

अभी तक वज़ीर हसन के आने की ख़बर किसी को नहीं हुई थी। वज़ीर हसन बड़ी तल्खी से मुस्कुराए। वह अभी 'बेकल' चिरैयाकोठी से फ़ारसी का एक शेर सुनकर चले आ रहे थे और घर में उनकी पोती गँवारों की ज़बान का कोई शेर गुनगुना रही थी। ...क्या हिन्दुस्तान में रहने की यह क़ीमत देनी होगी? और उस एक पल में उन्होंने फ़ैसला किया कि उन्हें दीनदयाल से नफ़रत है। यह

जो पाकिस्तान बना है, यह हिन्दुओं की एक बड़ी साज़िश थी। मैं तो पाकिस्तान ठीक समझता था दीनदयाल! इसलिए मैंने उसके लिए कोशिश की। लेकिन तुम तो पाकिस्तान को ग़लत समझते थे न? फिर तुमने क्यों बनने दिया पाकिस्तान? बताओ!

उन्हें ऐसा लगा, जैसे उनके अन्दर कई दीवारें गिर गईं। और उन्हें लगा, जैसे वह एकदम-से अकेले हो गए हैं।

'...माई मेरे नैनन बान परी...।' —शहला अब भी गुनगुना रही थी।

"ई आप हुआँ धुपिया में काहे को खड़े हैं आख़िर?"

हाज़रा की आवाज़ सुनकर वह चौंके। हाज़रा की आवाज़ सुनकर शहला भी चौंकी। वह हड़बड़ाकर उठ बैठी। हाज़रा की आवाज़ सुनकर आबेदा भी चौंकी। वह खड़ी हो गई।

"हम खड़े शहलिया की आवाज़ सुनते रहे।"

वह शहला को हमेशा शहलिया ही कहा करते थे, और यह सुनकर शहला हमेशा ठनका करती थी। ...हुँह, दादा! परन्तु इस बार शहला नहीं ठनकी। उसका कलेजा धक-धक कर रहा था। उसका मुँह लाल हो गया था।

वज़ीर हसन दालान में आ गए। उन्होंने शहला को लिपटा लिया। फिर वह लेट गए और बोले :

"तनी हमहूँ त सुनें भाई कि तूँ का गुनगुना रहियूँ?"

"गोबरधन परसाद आए रहे।" हाज़रा बोली, "आम दे गए हैं।"

"हयातुल्ला किहाँ भेजवा दो।" वज़ीर हसन ने कहा, "ऊ 'बेकल' चिरैयाकोठी की तनख़्वाह बढ़वा रहें। हम आज स्कूल से अलग हो गए।"

"क्यों अलग हो गए?" शहला ने पूछा।

"तू से का मतलब?" आबेदा ने कहा।

"ए ही से तो मतलब है दुलहन!" वज़ीर हसन ने कहा, "हम ए ही के मारे तो अलग हो गए हैं इस्कूल से।"

यह बात शहला की समझ में नहीं आई।

"देख बेटा, तैं हुआँ बइठ।" उन्होंने शहला से कहा।

वह पाँयती बैठ गई।

"पाकिस्तान बनवाए का मतलब ई हरगिज़ ना है कि ख़ाली 'बेकल' चिरैयाकोठी मास्टर हैं और अरहर, ज़ब्बार, अली गौहर, मोली नसीम वग़ैरा घसियारे हैं। तोरे मीराबाई के गुनगुनाए से भी ई साबित ना होता कि बेकले मास्टर और तमाम जने घसियारे हैं।"

मीराबाई!

यह नाम एक कटार की तरह हाज़रा के दिल में उतर गया। शहला और मीराबाई। ए ही मारे हम कहते रहे कि लड़की को स्कूल मत भेजे। बाक़ी हमरी सुनता कौन है! अब स्कूल त स्कूल है। अशराफ़ की लड़कियन के साथ रंडीयो जो पढ़े को बय्यठ जय्यहे त ओकों मना करे वाला कौन है...?

हाज़रा ने शहला की तरफ़ बड़े ग़ुस्से से देखा।

"ई मीराबाई से तोरी मुलाक़ात कहाँ भई? ऐं?"

वज़ीर हसन खिलखिलाके हँस पड़े।

"ई मीराबाई रंडी ना है कि तूँ बमके लगियु। सैकड़न बरस पहले एक-ठो शहज़ादी गुज़री है ए नाम की।"

"अब कल आके इ कहियो कि जद्दनबाई भी शहज़ादी है!"

"अरे अल्ला पाक की क़सम अल्लन की माँ! हम झूठ ना कह रहें। बहुत बड़ी शायर गुज़री है।"

"त ई मूई अपने को बाई काहे कहलवाती रही आख़िर?"

इस सवाल का जवाब वज़ीर हसन को भी नहीं मालूम था। वह

ख़ुद बहुत दिनों तक मीराबाई और लक्ष्मीबाई को रंडी समझ चुके थे।

"दादा, हमको आप वह ग़ज़ल मँगवा दीजिए, जो उन्होंने कल मुशायरे में पढ़ी थी।"

"बड़ी अच्छी ग़ज़ल थी क्या?"

"जी हाँ। भाषा तो ऐसी सरल थी, मैं क्या बताऊँ!"

"क्या चीज़, क्या थी?"

"मेरा मतलब है, ज़बान ऐसी...' वह रुक गई, "सरल को क्या कहते हैं उर्दू में?"

"मैं जानता तो तुमसे पूछता क्यों?"

शहला खिसिया गई।

"लगता है कि हम लोग ई उमर में जाहिल हो गए।" वज़ीर हसन ने बड़ी उदासी से कहा, "ससुराल से हम्में ख़त लिखियो तो महल्ले-भर में डौंड़ियाएँगे कि ए भाई, हमारी शहलिया का ख़त आया है, कोई पढ़के सुना दे। और जो कोई पढ़के सुनाऊ दीहे त हम एक-एक लफ़्ज़ का मतलब पूछेंगे तब कहीं जाके हम्में पता चलि हैं कि हमारी पोती हम्में का लिक्खिस है।"

"हम आपको हिन्दी पढ़ा देंगे।"

"पढ़े में त कउनों हरज ना है। बाक़ी हम ई सोच रहें कि हम अपनी ज़बान पढ़के काहें न जी सकते अपने मुलुक में? हम का दीनदयाल से कम हिन्दुस्तानी हैं। दसवीं सदी में हमहूँ हिन्दू रहे।"

"ए ख़ुदा न करे, हम काहे को होवे लगे हिन्दू!" हाज़रा चमकी।

"ए में ख़ोदा के करे या न करे का कउन सवाल है भाई! जउन है, तउन है।"

"तूँ एही मारे बेटे को छोड़ बय्यठे हो का?"

"हम बेटे को छोड़के हिआँ ना बय्यठे हैं। बेटे साहब हम्में छोड़

के हुआँ बय्यठे हैं। जो जाए ऊ छोड़ता है कि जो न जाए ऊ? मुलुक ज़मींदारी ना है कि सरकार क़ानून बनाके ले लीहे।"

शहला कुढ़के रह गई, क्योंकि वहशत की बात राजनीति की भूलभुलैया में गुम हो गई थी। वह तो दादा को वहशत की ग़ज़ल सुनाना चाहती थी।

ज़मज़म या गंगाजल पीकर कौन बचा है मरने से।
हम तो आँसू का यह अमृत पीके अमर हो जाएँगे॥

आँसू का अमृत! इनक़िलाब ज़िदाबाद। लेके रहेंगे पाकिस्तान। नारए-तक़बीर। अल्लाहो-अकबर। आँसू का अमृत। आँसू...।

वहशत ने सामने बैठी हुई मुसम्मात अकबरी बीवी को देखा :

खुली हुई रंगत। खड़ी नाक। उदास आँखें।

"आपके मेहर का दावा आपके शौहर शेख़ फ़िरासत अली पर नहीं बल्कि कस्टोडियन पर होगा।" उसने कहा।

शौहर शेख़ फ़िरासत अली हैं। दावा कस्टोडियन पर होगा।...मैंने पाकिस्तान ज़िन्दाबाद का नारा लगाते वक़्त यह तो नहीं सोचा था। यह तो नहीं तै हुआ जिन्ना साहब कि निकाह शेख़ फ़िरासत अली से होगा और देन मेहर का दावा कस्टोडियन पर! यह कस्टोडियन कितनी बीवियों का शौहर बना हुआ है! बीवियाँ क्या कस्टोडियन के नाम की चूड़ी पहनें? बच्चे क्या कस्टोडियन से ईदी माँगें...?

उसने फिर मुसम्मात अकबरी की तरफ़ देखा :

खुली हुई रंगत। खड़ी नाक। उदास आँखें!

मुसम्मात अकबरी अपना खूँट खोल रही थी।

खूँट में कुछ मुड़े-चिंगुड़े नोट थे। पहले उसने एक पाँच के नोट को बाक़ी नोटों से अलग किया। फिर उसने अपने भाई की तरफ़ देखकर पाँच का एक नोट और निकाला। फिर उसने दोनों नोट वहशत की मेज़ पर रख दिये। और इस काम से फ़ारिग़ होकर वह फिर खूँट बाँधने में लग गई। उसके मुँह में पान था और मुँह बराबर चल रहा था। खूँट बाँधकर उसने अपनी उदास आँखें उठाईं। वहशत वीरानी की गहराई देखकर लरज गया।

वह बोली, "ए भय्या, मेहर त हम माफ़ कर दिया रहा। बाक़ी एक ठो बेटी है अल्ला रक्खे। कस्टोडियन साहब पर दावा करो, चाहे कलट्टर पर, तू हम्मे हमरा मेहरा दिलवाय द् यो। यतीम बच्ची तूँहें दुआ दी हैं।"

"वह यतीम काहे को होए लगी ख़ुदा न करे!" उसके भाई ने कहा।

"यतीमन के सिर पर सींग ना होती। जे के सिर पर बाप का साया न हो, ऊ यतीमे कहा जाथै। त का हमरी हशमत के सिर पर बाप का साया है?"

"हमारे लोगन के ख़ानदान में आज तक मेहर का मोक़दमा ना भया रहा।"

"हमरे लोगन के ख़ानदान में आज तक कोई पाकिस्तानो ना गया रहा।"

भाई चुप हो गया, क्योंकि बहन ठीक कह रही थी।

"मुंशी जी!" वहशत ने आवाज़ दी।

मुंशी मनोहर लाल सँभलकर बैठ गए अपने तख़्त पर। मनोहर लाल बड़े पुराने और तजरुबाकार मुंशी थे। हज़ारों नज़ीरें उन्हें ज़बानी याद थीं। नये वकीलों को तो वह बड़ी हिक़ारत से देखा करते थे।

वह तो ख़ानबहादुर मौलवी समीउल्लाह साहब के मुंशी थे! वकील हज़रात तो उन्हें सलाम किया करते थे। परन्तु जब ख़ानबहादुर साहब पाकिस्तान चले गए और जाते-जाते कह गए : बाबू मनोहर लाल, मियाँ वक़ार का ख़याल रखिएगा। तो उन्हें मियाँ वक़ार का ख़याल रखना पड़ा। वैसे वक़ार से वह बहुत ख़ुश थे।

"ज़रा मुसम्मात अकबरी बीबी का अर्ज़ी दावा लिख लीजिए।"

मुंशी जी सबके ख़िलाफ़ दावा लिखना जानते थे, परन्तु कस्टोडियन के ख़िलाफ़ दावा लिखना उन्हें नहीं आता; क्योंकि कस्टोडियन ख़ानबहादुर साहब के जाने के बाद आया था।

...परन्तु इधर कुछ ऐसा हो रहा था कि सौ में से नब्बे मुक़दमों में मुद्दआह कस्टोडियन होता था।

उन्होंने लिखना शुरू किया :

'मनकि मुसम्मात अकबरी बीवी ज़ौजा...' क़लम रुक गई। उन्होंने वक़ार की तरफ़ बड़ी बेबसी से देखा।

"ज़ौजा शेख़ फ़िरासत अली लिखें या ज़ौजा कस्टोडियन?" मुंशी जी ने सवाल किया।

वक़ार सन्नाटे में आ गया।

"ज़ौजा शेख़ फ़िरासत अली मरहूम लिख दीजिए!"

शेख़ फ़िरासत अली। कस्टोडियन। शेख फ़िरासत अली मरहूम।

मुंशी जी ने लिखना शुरू किया :

'मनकि मुसम्मात अकबरी बीवी ज़ौजा शेख़ फ़िरासत अली मरहूम...'

मुंशी जी की क़लम फिर रुक गई। उन्होंने फिर वक़ार की तरफ़ देखा, "शेख़ साहब की सुकूनत क्या लिखी जाएगी?"

"लिखिए।" वक़ार ने कहा, "मनकि मुसम्मात अकबरी बीवी

ज़ौजा शेख़ फ़िरासत अली साकिना[1], मुहल्ला सैयदवाड़ा, थाना शहर, ज़िला ग़ाज़ीपुर की हूँ..."

अकबरी चुपचाप सुनती रही।

मुंशी जी चुपचाप लिखते रहे और वक़ार बोलता रहा और सोचता रहा, अब सिर्फ़ इसी तरह के केस क्यों आते हैं? अकबरियाँ, और फ़ातमाएँ, और ग़फ़ूरनें...खूँट में अपने भूत के नोट बाँधे चली आ रही हैं। ताँता बँधा हुआ है। कहानी एक ही है। नाम अलग-अलग हैं।

मुसम्मात अकबरी बनाम कस्टोडियन मुसम्मात फ़ख़रुननिसा बनाम कस्टोडियन...मेरा शौहर पाकिस्तान चला गया है। मेरा बेटा पाकिस्तान चला गया है।

भगवान की तरह इस कस्टोडियन के कितने रूप हैं! आख़िर हर घर में कस्टोडियन का प्रेत जमा हुआ है...और वक़ारुल्लाह वहशत अंसारी, बी. ए., एल. एल. बी. को इतनी फ़ुरसत भी नहीं मिलती कि अपनी छोटी बहन शहरनाज़ की सहेली शहला के बारे में सोच सके।

शहरनाज़ की सहेली शहला, शहरनाज़ ही की तरह इक्कीस साल की थी। वह सिर्फ़ अपनी दादी के लिए सोलह साल की थी—हाज़रा के लिए तो समय उसी दिन रुक गया था, जिस दिन अली बाक़र पाकिस्तान गया था। और अली बाक़र शहला की सोलहवीं वर्षगाँठ के दो दिन बाद पाकिस्तान गया था।

पाकिस्तान!—इस शब्द का अर्थ जुदाई है क्या?

हाज़रा को शहला बिलकुल वैसी ही दिखाई देती। वर्षगाँठ के अवसर पर लगाई जानेवाली मेहँदी का रंग आज भी—पाँच बरस बाद तक उतना ही चोखा था।

---

1. रहनेवाली।

हाज़रा के अन्दर होनेवाले इस परिवर्तन की ख़बर किसी को नहीं थी। यह कोई नहीं देख रहा था कि वह समय की कगार पर खड़ी है। और नीचे एक अँधेरी खाई है और हवा का कोई झोंका उसे नीचे गिरा सकता है...।

बस, आबेदा ने एक बात देखी थी। वह जब अकेली होती हैं तो उनके होंठ यों हिलते हैं, जैसे वह किसी से बातें कर रही हों! और कभी वह आबेदा को यों पुकारतीं, जैसे वह अपने बेटे को पुकारा करती थीं : "ई तूँ अँगनवा में खड़े का कर रह्यो, ऐं?..."

यह कोई तीन बरस पहले की बात है।

आबेदा ने मुड़कर इधर-उधर देखा। कोई नहीं था।

"एहर-ओहर का देख रह्यो?" हाज़रा ने कहा, "हम तूँहीं से बात कर रहें।"

आबेदा ने घबराकर अपनी सास की तरफ़ देखा। वह उसी की तरफ़ देख रही थीं, परन्तु आबेदा क़सम खाकर कह सकती थी कि हाज़रा उसकी तरफ़ देखने के बावजूद उसकी तरफ़ नहीं देख रही थीं।...वह डर गई।

"अम्माँ!"

"अम्माँ-रम्माँ करे से का फ़ायदा!"

डर से आबेदा का रंग सफ़ेद पड़ गया। उसका हलक़ सूख गया। जो ठीक उसी समय शहला न आ गई होती, तो जाने क्या हो गया होता!

"धूपो में तोरा लकड़ाना ना जय्यहे जना रहा।" उन्होंने शहला से कहा और आबेदा ने देखा कि हाज़रा की आँखें अपनी लंबी यात्रा से लौट आई हैं...।

फिर अक्सर ऐसा होने लगा।

परन्तु आबेदा के सिवा किसी ने इस परिवर्तन को नहीं देखा। आबेदा ने किसी से कहा भी नहीं। वह समझ गई कि हाज़रा उसमें अपने बेटे अली बाक़र को देखती है।

...रात के आठ बज रहे होंगे। शहला अपनी सहेली शहरनाज़ के साथ पिक्चर देखने गई हुई थी। वज़ीर हसन दीनदयाल के यहाँ शतरंज खेलने गए हुए थे। आख़िर जून का धुला आसमान दूर-दूर तक फैला हुआ था। सितारे बहुत ज़्यादा और बड़े-बड़े दिखाई दे रहे थे। कहीं दूर से साँप के बोलने की आवाज़ आ रही थी। धीमी लालटेन तिन-दरे के बिचले दर में लटकी हुई थी।

आबेदा लेटी हुई राजनीति की समस्याओं पर विचार कर रही थी। जो पाकिस्तान ना बना होता त मोरी शहला अपने बाप के जीअते-जीअत यतीम ना हो गई होती...।

वह उठकर बैठ गई।

फिर जब बैठा न रहा गया तो वह उठी और लालटेन लेकर बाहरी कमरे की तरफ़ चली गई। यहाँ आँगन में बिलकुल अँधेरा हो गया।

वज़ीर हसन के कमरे में अँधेरा था, आबेदा के जाने से उजाला हो गया।

सामने ही दीवार पर मोहम्मद अली जिन्नाह की एक बहुत बड़ी तसवीर टँगी हुई थी। पतला-लम्बा चेहरा। छोटी-छोटी ज़हीन आँखें। पतले-पतले बेदर्द होंठ और वही जिन्नाह टोपी।

आबेदा उस तसवीर के पास जाकर खड़ी हो गई। उसने लालटेन की बत्ती ज़रा बढ़ाई। फिर उसने लालटेनवाले हाथ को ऊपर उठाया... जिन्नाह साहब की तसवीर किसी और तरफ़ देख रही थी।

"...एहर काहे ना देख रह्यो मरकिनौने? एहर देखो। बड़े क़ायद हौ त शहला के बाप का रस्तवा कैसे भुलाय दियो, ऐं?"

ज़ाहिर है कि तसवीर क्या बोलती।

"तैं निकल हमारे घर से माटी मिले।" आबेदा की आत्मा ने किचकिचाकर कहा। परन्तु तसवीर अपनी जगह से हिली भी नहीं...।

वह लौट आई।

परन्तु वह ड्योढ़ी ही पर ठिठक गई। हाज़रा किसी से बातें कर रही थी :

"वज़ीर हसन पाकिस्तान बनाए को कहते रहे। अली बाक़र ओके ख़िलाफ़ रहे। त तैं हमने ई समझा कि जब ई पाकिस्तान माटी मिला बन गया त बतिया उलट कैसे गई? अली बाक़र पाकिस्तान की ओर कैसे हो गए?"

पल-भर को सन्नाटा रहा और फिर हाज़रा की आवाज़ आने लगी :

"ए भाई, तूँहूँ को ना मालूम त अल्लाह मियाँ का बने हौ! और दूसरा सवाल ई है कि हम त केहू के ओट न दिया। हमरे कहे का मतलब ई है कि जब हम पाकिस्तान को ओट ना दिया तब हमरे वास्ते त पाकिस्तान ना बना ना! तूँ सीधे से अली बाक़र को लउटाय दियो नहीं तो चूल्हे भाड़ में गई तोरी नमाज़।..."

दूसरे दिन यह बात सारे शहर में फैल गई कि हाज़रा पर जिनों का बादशाह आ गया है। यह किसी ने नहीं सोचा कि जिनों के बादशाह ने आबेदा के आईने में अपना मुँह क्यों नहीं देखा या शहला जैसी चन्दन की मूर्ति को हाथ क्यों नहीं लगाया। हाज़रा में कौन-से सुर्ख़ाब के पर लगे थे आख़िर।

हमदर्दी के बहाने औरतें तमाशा देखने आने लगीं और मौक़ा निकालकर दिल की बातें पूछने लगीं :

"मोरा कल्लन पाकिस्तान से अय्यहे कि ना?"

"दुलहिन की गोदी कब भरिहे?"

"ऊ मुई रंडिअवा से मसेन के अब्बा का पिंड छुटिहें कि नाहीं?"

"मैं जवान जहान बेटी को कब तक अगोरों आख़िर? अल्लाह मियाँ एको जोड़ी लिक्खिन है कि नाहीं?"

"अल्लाह मियाँ एकी जोड़ी लिक्खिन है कि नाहीं?"

"लिक्खिन है कि नाहीं?"

इस एक सवाल से वज़ीर हसन का बड़ा-सा आँगन खचाखच भर गया...।

परन्तु लगता ऐसा था कि हाज़रा तक किसी की बात पहुँच ही नहीं रही थी। वह तो अल्लाह मियाँ से अपनी लड़ाई लड़ रही थी।

"...ई दुनिया तोहरी है कि वज़ीर हसन के बाप की? नाहीं, चुप से काम ना चलिहें। तुहें बोले को पड़िहे। मुँह में घोंघा रखके का बय्यठ गए हो? के की है ई दुनिया?...तो वज़ीर हसन की बात मानके काहे को बना दिया पाकिस्तान?..." वह रोने लगती। और मिरासनें ढोल बजा-बजाकर गाने लगतीं :

कारी कामरि वारे से जोड़ी प्रीति मैं।
लोग कहे कारी कामरिवारे, म्हारे लाख करोड़ी।...

बेचारी मिरासनों को क्या मालूम था कि यह 'कारी कामरि' वाला मुहम्मद नहीं, कृष्ण है! अरब का गड़रिया नहीं बल्कि हिन्दुस्तान का अहीर है...!

पता यह चला कि असल चीज़ मुहम्मद या कृष्ण नहीं है, बल्कि असल चीज़ 'काली कमली' है।

...बैठकें होती रहीं। झाड़-फूँक का काम चलता रहा। दुआ-ताबीज़ होती रही, और कहानियाँ बनती रहीं।

"मैं अपनी आँख से देख्यो बहिनी! हाज़रा बीवी खड़ी रही और

ख़ुदा झूठ न बोलवाए, त उनका पाँव ज़मीन से बित्ता-भर ऊपर रहा होइहे।" नायन ने कहा।

"हम त डर के मारे भगलीं न हुआँ से। हमार टोकरियो हुँअईं रह गईल..." भंगिन ने कहा।

"अब मैं क्या बताऊँ शहरू," शहला ने शहरनाज़ से कहा, "घर आजकल घर थोड़े रह गया है। ग़ाज़ी मियाँ का मज़ार हो गया है। दादी चूँकि अब भी मुझसे बातें करती हैं और मुझे पहचानती हैं, इसलिए मेरी इज़्ज़त बहुत बढ़ गई हैं। एक सैयदवाड़े की शेख़ानी हैं। कल मुझसे बोलीं—बेटा, तनी दादी से हमरी सिफ़ारिश कर द् यो। हम कस्टोडियन पर मेहर का दावा किया है।"

"अकबरी होगी।" शहरनाज़ ने कहा, "वह तो ग़ज़ब की बोर है भई। भाई साहब उसके वकील हैं। भाई साहब पर याद आया शहलो कि हम इधर कई महीनों से सोच रहे थे। कल हम भाई साहब के दोस्त मुहसिन अली पर आशिक़ हो गए। और उन्होंने भाई साहब को समझा भी लिया है कि मुझे यहाँ सड़ाने से क्या फ़ायदा! अलीगढ़ भेज दो। अल्लाह! अलीगढ़ के ख़याल ही से मेरी नसें टूटी जा रही हैं। मुहसिन भाई वहाँ हिस्ट्री में लेक्चरर हैं।"

"आशिक़ होने के बाद तो मुहसिन भाई न कह मुर्दी।" शहला बोली।

"अलीगढ़ में तो महबूबा को आपा और आशिक़ को भाई ही कहा जाता है।"

"हिश्त!"

"हिश्त क्या, कल मैंने ख़ुद सुना। भाई साहब कल मुहसिन भाई से पूछ रहे थे—और वह शरीफ़ा घोड़ी आजकल किसकी आपा बनी हुई है? तो मुहसिन भाई ने जाने किसका नाम लिया। तो भाई साहब

हँसे और बोले—भई, वह आख़िर कब तक ख़फ़ीफ़े में ख़ारिज होती रहेगी? उस पोस्ट पर कोई परमानेंट अप्वाइंटमेंट क्यों नहीं होता?"

"उस पोस्ट पर भाई साहब का टेंपोररी अप्वाइंटमेंट हो चुका है क्या?"

"भाई साहब तो ग़ज़ब के हीरो थे। कल राही भाई भी आ गए थे। पता चला कि कोई आबेदा ज़ैदी हैं, जो अब तक भाई साहब की राह देख रही हैं। और एक तो वही शरीफ़ा घोड़ी है। अब तक ठंडी साँसें लेती हैं। राही भाई कह रहे थे कि उनकी ठंडी साँसों की वजह से अलीगढ़ का मौसम बदल गया है। पिछले तीन साल से गर्मी नहीं पड़ी है और ख़रबूजे की फ़सल ख़राब हो रही है। और ख़रबूजेवाले डेपुटेशन लेकर आनेवाले हैं भाई साहब..."

दोनों सहेलियाँ खिलखिलाकर हँस पड़ीं।

"तुम भी अलीगढ़ चलो तो मज़ा आ जाए।"

"मैं क्यों जाऊँ? तुम्हारे तो मुहसिन भाई होंगे वहाँ। मेरा कौन है?"

"अरे चल तो! कोई टेंपररी भाई तो मिल ही जाएगा।"

"इश्क़ न हुआ, उठल्लू-चूल्हा हो गया।" शहला ने कहा, "जहाँ चाहा, उठाकर रख लिया और आर्ज़ुओं की रोटी सेंक ली।"

"अरे तो तू यहीं भाई साहब पर क्यों नहीं आशिक़ हो जाती?"

अब भला शहला इस सवाल का क्या जवाब देती!

क पर ई की मात्रा

शहरनाज़ तो पढ़ने के लिए अलीगढ़ चली गई। और यहाँ शहला अपनी पागल दादी, कुढ़ते हुए दादा, उदास माँ और साँय-साँय करते हुए घर के साथ अकेली रह गई। अब जी घबराए तो वहशत के घर भी नहीं जा सकती थी। क्योंकि अब वहाँ जाने का कोई बहाना-वहाना नहीं था। वह वहाँ जाकर यह तो नहीं कह सकती थी न कि वहशत की एक झलक देखने या उसकी आवाज़ सुनने या उस पलंग पर लेट जाने के लिए आई है, जिस पर वहशत लेटता है।

शहला का प्यार बिलकुल पर्दे की बूबू था। वह उसे दुनिया भर के ख़यालों के गूदड़ में छिपाकर रखती थी। बस, जब आसपास कोई न होता तो दिमाग़ के तमाम दरवाज़े और दरीचे ख़ूब जमका के बन्द करने के बाद वह गूदड़ी की पोटली निकालती और उसमें से अपने प्यार के टुकड़े अलग करती और अपनी उँगलियों से सहला-सहलाकर उनकी शिकनें दूर करती...।

वह, उन्होंने शेर पढ़ते-पढ़ते माथे पर आए हुए बालों को ऊपर उठाया...। वह, उन्होंने अन्दर आने से पहले अम्माँ को आवाज़

दी।...वह, उन्होंने...।

जब शहरनाज़ थी तो शहला को वहशत के बारे में छोटी-छोटी बातें मालूम होती रहती थीं। भाई को पत्ती के काम का गरीबान बहुत पसन्द है, भाई क्योंटी दाल बड़े शौक़ से खाते हैं...।

ख़ुद शहला को क्योंटी दाल बिलकुल पसन्द नहीं थी। परन्तु जब उसे मालूम हुआ कि वहशत को यह दाल पसन्द है तो वह चुपचाप क्योंटी दाल खाने लगी।

उसे शौक़ से क्योंटी खाते देखकर आबेदा को बड़ा आश्चर्य हुआ।

"ई तूँ क्योंटी कब से खाय लगियु?" आबेदा ने पूछा।

"बड़ी मज़ेदार होती है अम्माँ!"

बात ख़त्म हो गई।

यों ही धीरे-धीरे उसमें बड़ी तब्दीलियाँ होने लगीं। उसे सीने-पिरोने से चिढ़ थी, परन्तु अब जब देखो तब वह वज़ीर हसन के लिए पत्ती के काम का गरीबान बना रही है। उसे जैसे पत्ती का काम करने का हौका हो गया था...!

लेकिन वह जानती थी कि हिन्दुस्तानी ज़िन्दगी हिन्दी फ़िल्मों से बिलकुल अलग होती है। उसे मालूम था कि वह लाख पत्ती के काम के गरीबान बनाए और चाहे दोनों समय सिर्फ़ क्योंटी दाल खाए, परन्तु वहशत से उसका ब्याह नहीं हो सकता; क्योंकि वहशत जुलाहा है, और वह मुसलिम-राजपूत ख़ानदान की है।...यह ख़याल बड़ा दुखदायी था। ...ज़ाहिर है कि वह शाहरू को भी ये बातें नहीं बता सकती थी।

शहरनाज़ उसे बराबर ख़त लिखती रहती थी। परन्तु उसके ख़तों में अलीगढ़ ज़्यादा होता था और ख़ुद वह बहुत कम।

'...अरे शहलो, मैं तो मर गई बिलकुल डाक्टर इरफ़ान हबीब

पर। मुहसिन भाई तो उनके सामने बस योंही हैं। मगर वह आँख उठाकर देखते ही नहीं किसी की तरफ़। उन्हें तो बस कम्यूनिस्ट पार्टी, हिस्ट्री और सायरा आपा से इश्क़ है।

'...कल तो मैं मारे शरम के मर गई। मैंने तुम्हें बताया था न कि यहाँ माशूक़ाओं को आपा और आशिक़ों को भाई कहते हैं। तो एक हैं मेरी सीनियर रूम-पार्टनर महलक़ा। नाम से धोखा न खाना। बड़ी बदसूरत हैं यह ख़ातून। मगर ग़ज़ब की कुटनी है। किसी को प्यार करता नहीं देख सकती। भली शक्ल-सूरत की लड़कियों से तो बैर है भुतनी को। मुहसिन भाई की क्लासफेलो रह चुकी है। सुना है कि उन पर फ़्लैट भी थीं। तो मुहसिन भाई ने मुझे उसके हवाले कर रखा है और मेरी जान ज़ीक़ में है। इधर कुछ दिनों से वह एक जूनियर लेक्चरर के साथ देखी जाने लगीं तो न्यू होस्टल का माथा ठनका कि ज़रूर दाल में कुछ काला है! वह महलक़ा आपा को आपा कहता है। तो एक दिन जब वह मुझे नसीहत कर रही थीं कि देखो शहरू, इन भाइयों के चक्कर में न पड़ो, ये डिगरी लेकर चले जाते हैं तो मैं जल गई और मैंने कहा, 'आपा भी तो आप बनी हुई हैं हैदर साहब की।' वह यह सुनकर हक्का-बक्का रह गईं और खिलखिलाके हँसने लगीं और बोलीं, 'अरे पगली, वह अलीगढ़ आकर मेरा भाई नहीं हुआ है। वह मेरा सबसे छोटा भाई है।'...अब यह तो बड़ी मुश्किल है न शहलो! भाइयों और आपाओं के इस जंगल में कोई डालडा भाइयों और देसी भाइयों में फ़र्क़ कैसे करे आख़िर?...

'...कल तो बड़ा ग़ज़ब हो गया शहलो! उस्ताद लिताफ़त अली का गाना हो रहा था। मुज्तबा भाई मेरे पास बैठे थे और समझाते जा रहे थे कि उस्ताद क्या गा रहे हैं। यह मुज्तबा भाई बड़े ग़ज़ब के लोग हैं। कोई सात-आठ साल से एम.ए. में रुके हुए हैं। इम्तिहान

ही नहीं देते। मगर हैं बड़े क़ाबिल। ...मेरा हाथ छुल गया। मैं तो झन्-से हो गई शहलो!..'

भला शहला को इन बातों में क्या दिलचस्पी हो सकती थी! होगी कोई महलक़ा और होंगे कोई मुज्तबा भाई। हाँ, वह यह ज़रूर सोचने लगती कि वहाँ पढ़ाई ज़्यादा होती है या इश्क़!

उसने इस्मत चुग़ताई का उपन्यास 'टेढ़ी लकीर' फिर पढ़ डाला। उस उपन्यास में भी लिखाई-पढ़ाई की बात नहीं थी। हाँ, यह ज़रूर था कि लड़कियाँ लड़कियों पर मिटी जा रही हैं। कुढ़ रही हैं कमबख़्तें। जल रही हैं एक-दूसरे से। घुसी जा रही हैं एक-दूसरे के बिस्तरों में। नख़रे कर रही हैं।

और तब एक दिन ख़बर आई कि :

'भई अल्ला शहलो, भाई साहब ने तो नाक में दम कर दिया है। हर ख़त में यही लिखते हैं कि पता चलाओ कि वज़ीर चा के कुरतों के गरीबान कौन बनाता है। देख शहला की बच्ची, मेरा एक ही भाई है। जो तूने उसका दिल-विल तोड़ा तो मुझसे बुरा कोई न होगा।...'

शहला यह ख़त पढ़ते वक़्त अपने कमरे में अकेली थी, फिर भी शरमा गई। उसके लिए अपने कमरे की दीवारों की तरफ़ देखना मुश्किल हो गया। वह मुँह छिपाकर भागी अपने कमरे से।

दालान में लेटी हुई हाज़रा अल्लाह मियाँ से बहस कर रही थी :

"नहीं, आपको ई बताए की पड़िहें कि आप बड़े हैं कि वज़ीर हसन? का हम ज़िन्दगी-भर एही मारे नमाज़-रोज़ा किया रहा कि तू हमरे अल्लन को झट पाकिस्तान भेज दिओ? बाहार जाय इ पाकिस्तान..."

हाज़रा रोने लगी।

"हम पाकिस्तान बनावे पर वज़ीर हसन को माफ़ करे वाले ना हैं।..."

"दादी!" शहला ने हाज़रा को आवाज़ दी।

हाज़रा ने मुड़कर उसको देखा।

"तैं कब आ गई पाकिस्तान से?" हाज़रा ने सवाल किया। "अल्लन ना आए तोरे साथ? ए बहिनी, ऊ सठिया गए हैं का कि जुआन-जहान लड़की को अकेला भेज दिहीन और इहो ना सोचिन कि मार बलवा हो रहा है?"

इतना कहकर हाज़रा फिर अल्लाह मियाँ की तरफ़ मुड़ गई :

"देख्यो अपने वज़ीर हसन की करनी का फल? हई शहलिया की जवानी डौंड़िया रही ना। एके बइठे की जगह है कहीं तोरी दुनिया में?"

शहला दादी और अल्लाह मियाँ में बीच-बचाव करवाने के मूड में नहीं थी। उसे पाकिस्तान के बारे में सोचने की ज़रूरत भी नहीं थी। क्योंकि जब पाकिस्तान बना था तब वह बहुत छोटी थी। उसने होश सँभाला तो पाकिस्तान बन चुका था। बलवे बन्द हो चुके थे। सिंधियों और पंजाबियों की दुकानें खुल चुकी थीं। और हिन्दी सरकारी भाषा बन चुकी थी। उसे उस उथल-पुथल का अनुभव नहीं था, जो चुस्त पाजामे की तरह पाकिस्तान की पिंडलियों में फँसा हुआ था। उसके लिए पाकिस्तान एक मुल्क था—मुसलमानों का एक मुल्क, जैसे मिस्र एक मुल्क है, सूडान एक मुल्क है; अरब एक मुल्क है। अली बाक़र उसे याद आता था, क्योंकि जब अली बाक़र गया तो वह सोलह साल की थी। परन्तु उसकी एक दोस्त पद्मा का बाप नैरोबी में काम करता था। उसकी एक और सहेली आयशा का बाप कुवैत में नौकरी करता था। फ़र्क़ सिर्फ़ यह था कि उसके बाप की तरह पद्मा और आयशा के बापों ने अपनी बीवियों को तलाक़ नहीं दी थी। तो इससे भी क्या होता है! रफ़ीक़ मामू ने भी दुन्नन खाला को तलाक़ दी है। ...तो वह पाकिस्तान के बारे में क्यों सोचे? हाँ, जब

क्लास की लड़कियाँ औरंगज़ेब को बुरा-भला कहतीं या मुसलमानों को पाकिस्तान का जासूस बतातीं तब अलबत्ता उसे ग़ुस्सा आता। वह हत्थे से उखड़ जाती और क़लमी आमों से लेकर ताजमहल तक की कहानी सुना डालती और बड़े ठस्से से सवाल करती :

"अच्छा तो पद्मा रानी, यह बताओ कि यह जायसी, क़ुतबन, ताज, रहीम, उस्मान वग़ैरा किस खेत की मूली हैं? और कबीर को कब गिरफ़्तार करेगी तुम्हारी सरकार?"

बस, यहीं से दूसरा झगड़ा शुरू हो जाता। पद्मा का कहना था कि रसखान और कबीर तो हिन्दू थे। और तब वह कहती :

"हिन्दू तो हम भी थे पद्मा!"

यह बात पद्मा को हमेशा लाजवाब कर दिया करती थी। चुनाँचे वह घर जाकर अपने चाचा दीनदयाल से उलझ जाती।

"जब मुसलमान लोग पाकिस्तान बनवाय लिहिन हैं तो जाते क्यों नहीं? यह मलेच्छ कब तक हमारे इस देश को भ्रष्ट करते रहेंगे?"

यह सवाल वह कभी अपने पिता राम अवतार से न करती; क्योंकि राम अवतार धार्मिक आदमी था। सारे घरवाले उसका मज़ाक़ उड़ाया करते थे। वह चीज़ें दबाकर दाम बढ़ाने की कला नहीं जानता था। उसे अपने राम ही को रखने की जगह नहीं मिलती थी तो शक्कर की बोरियाँ कहाँ रखता? नतीजे में वह आढ़त से उठा दिया गया। और जब वह आढ़त से उठा दिया गया तो बिलकुल ही ख़ाली हो गया। वह हर वक़्त तुलसी या सूर को गुनगुनाया करता था। परन्तु तुलसी या सूर उसकी पत्नी की साड़ी या चूड़ियाँ या करधनी तो नहीं बन सकते थे न! जेठानी जो पहना देती, उसे पहनना पड़ता। वह पहन भी लेती। कभी शिकायत भी न करती। परन्तु दिन-रात कुढ़ा करती और इसी कुढ़न में एक रात वह मर गई...।

तो भला ऐसे राम अवतार से पद्मा क्या पूछती कि मुसलमान पाकिस्तान क्यों नहीं जाते? राम अवतार को तो शायद पूरा ज्ञान भी नहीं था कि पाकिस्तान बन चुका है।

उन्हीं दिनों म्युनिसिपैलिटी के चुनाव आ गए। दीनदयाल चेयरमैन बनना चाहते थे। उन्हें पक्का यक़ीन भी था कि कांग्रेस का टिकट उन्हीं को मिलेगा। परन्तु जब कांग्रेस का टिकट श्री हयातुल्लाह अंसारी को मिल गया तो दीनदयाल का ख़ून खौलने लगा। और यों ग़ाज़ीपुर नगर के इतिहास में पहली बार जनसंघ चुनाव के मैदान में आई। अब आप जानिए कि चुनाव में तो क्या-क्या करना पड़ता! ज़रूरत पर दाम का ख़याल कौन करता है! चुनाँचे जिस दीनदयाल ने आज तक किसी के सामने हाथ नहीं फैलाया था, उसी दीनदयाल को वोटों के लिए हाथ फैलाना पड़ा। हयातुल्लाह को हराने की एक ही सूरत थी कि पाकिस्तान बनवाने की सारी ज़िम्मेदारी उन्हीं के सिर पर थोप दी जाए।

चुनाव-वुनाव तो ठीक। परन्तु नागरिक जीवन में एक तनाव ज़रूर आ गया।

"तूँ शहर के सारे मुसलमान को कटवाय पर लगे हो का?" वज़ीर हसन ने पूछा।

"तोरा मतलब का ई है कि मुसलमान के मारे हम एलक्शन न लड़ें?"

"एलक्शन जाए अपनी माँ की चूत में।" वज़ीर हसन बिगड़ गए, "तैं ई बता कि हम ओटर न हैं? तैं हम से काहे न माँग रहा ओट?"

"हम्में मालूम है कि तूँ केको वोट दीहो वज़ीर हसन!"

"अल्लाह पाक की क़सम दीनू, हम हयातुल्ला चूतिये को ओट देवेवाले ना रहे। बाक़ी आज से हम उन्हीं का काम करेंगे।"

"उनका काम करके हमरी कैठो झाँट टेढ़ी कर ली हो तूँ! जाके मरावो अपनी इस्लामी गाँड़ हयातुल्लाह से।"

दोनों दोस्तों में पहली बार ये बातें हुईं और यह तै हो गया कि दोनों के रास्ते अलग हैं। तो वज़ीर हसन ने ट्रंप का इक्का चल दिया। वह सीधे राम अवतार के घर गए (तब दोनों भाई साथ ही रहा करते थे) और उसी दिन राम अवतार ने श्री अंसारी के चुनाव की एक मीटिंग में भाषण दिया :

'प्यारे भाइयो और बहनो! मैं भैया का विरोध कर रहा हूँ। अकबर बादशाह और राणा प्रताप हियाँ के न रहे। औरंगज़ेबो ससुर ग़ाज़ीपुर के ना रहे। शिवाहजी कानी कहाँ के रहे। बाक़ी ई श्री हयातुल्ला हियँई ग़ाज़ीपूरे के हैं। और ई शहर में उनके बाप-दादा हमरे बाप-दादा से पहिले आए रहे। एह मारे प्यारे भाई-बहनो, हमरा वोट श्री अंसारी के वास्ते है..."

चुनाव का नतीजा क्या हुआ, इससे हमें ग़रज़ नहीं। परन्तु यह जान लेना हमारे लिए ज़रूरी है कि दीनदयाल ने उसी दिन राम अवतार को घर से निकाल दिया...।

पद्मा वहीं दीनदयाल के साथ रह गई। उसे अपने बाप से कोई दिलचस्पी भी नहीं थी। क्योंकि वह प्रेम की बात करता था और सूर को गुनगुनाता था, जबकि इन दोनों ही का फ़ैशन उठ चुका था...।

कुछ दिनों के बाद दीनदयाल नर्म पड़े तो राम अवतार फिर घर में आने-जाने लगा। वह पद्मा को देखने आया करता था, परन्तु आम तौर से पद्मा ही नहीं मिलती थी। तो भाभी से दो-चार बातें करके वह फिर मन्दिर चला जाता।

बीबी के कटरे में एक मन्दिर न मालूम कब से खड़ा ऊँघ रहा था। मुसलमानों का मुहल्ला था और वहाँ किसी को यह याद नहीं

था कि उस मन्दिर में कब कोई पुजारी देखा गया था।

शहर के दूसरे तमाम मन्दिरों पर किसी-न-किसी का कब्जा था। एक यही मन्दिर बचा था; क्योंकि यह मुसलमानों के मुहल्ले में था। तो राम अवतार ने उसी मन्दिर में अपना अड्डा जमाया।

एक दिन सवेरे-सवेरे शंख की आवाज़ सुनकर सारा बीबी का कटरा चौंक पड़ा। उस सुबह को मस्जिद में हमेशा से ज़्यादा मुसलमान इकट्ठा हुए। कई तो ऐसे थे, जिन्हें क़लमा भी अच्छी तरह याद न रहा होगा। बेचारे हाफ़िज़जी सख़्त हैरान कि आख़िर मामला क्या है। हाफ़िज़जी बेचारे निपट बहरे थे, इसलिए उन्होंने शंख की आवाज़ सुनी ही नहीं थी।

नौजवानों के तेवर बहुत बिगड़े हुए थे।

"इस मुहल्ले में शंख नहीं बज सकता।" नमाज़ियों ने यह फ़ैसला किया और तब यह मुसलमान निकले लीडरों की तलाश में।

मौलवी अशरफ़ुल्ला वकील।

पाकिस्तान गए।

हकीम मुहम्मद वलीउद्दी 'वफ़ा'।

पाकिस्तान गए।

समी उल्ला ख़ाँ ठेकेदार।

पाकिस्तान गए।

पहलवान अब्दुल गफ़्फ़ार।

पाकिस्तान गए।

मीर बुलाक़ी 'नाशाद'।

पाकिस्तान गए।

अब्दुईब अत्तार।

पाकिस्तान गए।

हयातुल्ला अंसारी।

मर गए।

तो फिर यहाँ ग़ाज़ीपुर में कौन है? सही कि मस्जिद है, बड़ा इमामबाड़ा है, ईदगाह है...परन्तु इनके पास कौन जाता है अब रास्ता पूछने?

जब कोई न मिला तो सैयदवाड़ा, क़ाज़ीटोला, सराय, नख़ास, लंगाह, बरबरहना, शुजावलपुर, रजदेपुर और जूड़न शहीद के मुसलमानों की झल्लाहट और दूसरे मुहल्लों में रहनेवाले मुसलमानों का डर और बढ़ गया। धीरे-धीरे दुकानें बन्द हो गईं। दीनदयाल धाड़ने लगा कि यदि मुसलमानों ने ज़्यादा चें-पें की तो उनकी ईंट से ईंट बज जाएगी। फ़सीही ख़ानदान के एक मौलवी नारए-तक़बीर बोलकर घर से निकल आए और शहर के मुसलमानों को ऐतिहासिक आँकड़े याद दिलाने लगे :

'बिरदाराने इस्लाम! ये लोग जो अकसरीयत के नशे में चूर हैं, इन्हें न अपनी तारीख़ याद है और न हमारी। हम वे हैं जिन्होंने जनरल तारिक़ रहमतुल्ला अलैह[1] के साथ बहरे-रोम में घोड़े डाल दिए थे, हम वही क़ासिम हैं, जिसने दो हज़ार आदमियों के साथ इनके सूरमाओं के छक्के छुड़ाकर सिंध पर सब्ज़ अलम गाड़ दिया था। ये और हमें न पहचानें! हम महमूद ग़ज़नवी हैं। और दूर क्यों जाइए! क्या ग़ाज़ीपुर वाले वे दिन भूल गए जब सैयद मसऊद ग़ाज़ी रहमतुल्ला अलैह ने बारह सौ सवारों के साथ गंगा पार करके इस ग़ाज़ीपुर के राजा गाद का सिर कुचल दिया था।...हम उन्हीं मसऊद ग़ाज़ी की औलाद हैं...'

परन्तु मसऊद ग़ाज़ी की औलाद इस झगड़े से अलग थी। और

1. रज़ी अल्लाह : (अरबी) अल्लाह रज़ी या ख़ुश है।

यह भाषण देनेवाला आदमी मसऊद ग़ाज़ी की औलाद का कहा नहीं मान रहा था।

...शहर के मुसलमान जेहाद के लिए सिर पर कफ़न बाँधने लगे। हिन्दू अलग तैयार हो गए कि मियाँ लोगन की तो ऐसी-की-तैसी। राम अवतार देखते-ही-देखते वास्तव में राम अवतार हो गया।

परन्तु राम अवतार इस झगड़े से बहुत दुखी था। शाम की पूजा के समय हिन्दू नौजवानों का एक जत्था दीनदयाल के साथ बीबी के कटरे के उस छोटे से मन्दिर में पहुँच गया, जिसमें साठ-सत्तर साल से पूजा नहीं हुई थी। चूँकि शहर में दफ़ा चवालीस लगी हुई थी इसलिए पुजारी इक्का-दुक्का आए।

राम अवतार सन्नाटे में हो गया। वह अपने भगवान को दूध से स्नान करवाता था। और ख़ून से नहलाना नहीं चाहता था।

"शंख में प्रभु नहीं है भैया! प्रभु रोम-रोम में है। शंख तो पुजारियों को बुलाने के लिए बजाते हैं। पूजा करनेवाले आ गए हैं तो शंख बजाने की क्या ज़रूरत है?"

"देख राम अवतार, हम कह रहे हैं कि बजा शंख। हम कह रहे हैं! शंख फूँक मादरचोद!"

यहाँ तो यह ख़ैंचातानी हो रही थी और वहाँ वज़ीर हसन के घर में लोग वज़ीर हसन पर दबाव डाल रहे थे।

मन्दिर का इतिहास यह है कि उसे वज़ीर हसन के बुज़ुर्गों में से किसी ने बनवाया था। यह उन दिनों की बात है, जब ये लोग मुसलमान नहीं हुए थे।

उदयभान सिंह और जयपाल सिंह दो भाई थे। उदयभान बड़ा था और जयपाल छोटा। उदयभान मुसलमान हो गया। परन्तु उसने उस मन्दिर का चार्ज जयपाल को नहीं दिया, क्योंकि मन्दिर उसकी

हवेली के अन्दर था और हवेली उदयभान को मिली थी। जयपाल सिंह ने दावा किया कि उदयभान सिंह मुसलमान हो गया है, इसलिए मन्दिरवाली हवेली उसके हवाले की जाए। परन्तु उदयभान सिंह नहीं माने। बोले, 'मुसलमान हो जाने से क्या होता है। राजपूत हूँ। कौल देता हूँ कि मेरी आल-औलाद इस मन्दिर की देखभाल करेगी।' और जभी से उस मन्दिर की देख-भाल उदयभान सिंह की औलाद करती चली आ रही है। जयपाल सिंह की औलाद ने बड़ा ज़ोर मारा कि मन्दिर उन्हें मिल जाए। ब्रिटिश-युग में मुक़दमा भी लड़ा गया, परंतु मन्दिर हवेली के अन्दर था। जयपाल सिंह की औलाद हार गई, और उदयभान सिंह यानी अब्दुल्लाह ख़ाँ का क़ब्ज़ा उस मन्दिर पर क़ायम रहा। उदयभान सिंह ने मरते समय वसीयत की कि उस मन्दिर की देखभाल होती रहे। और जब वज़ीर हसन के परदादा ने अपनी जायदाद का वक़्फ़-अल्लाह बनाया तो यह शर्त डाल दी कि मोतवल्ली इस मन्दिर की देखभाल करेगा और पुजारी की तनख़्वाह वक़्फ़ से दी जाती रहेगी।

चूँकि हवेली में एक बुतकद था, इसलिए ठाकुर अमीर हसन ख़ाँ (वज़ीर हसन के परदादा) ने उस हवेली में रहना तर्क कर दिया और वह मकान बनवाया, जिसमें ठाकुर वज़ीर हसन ख़ाँ रहते हैं। हवेली ख़ाली हुई तो चारदीवारी गिरी। फिर ग़रीब लोगों ने रहने की इजाज़त ले ली और यों जो कभी एक हवेली थी, वह बीबी का कटरा हो गया। जायदाद पर हक़ क़ायम रखने के लिए रहनेवालों से किराया लिया जाता था। सबसे ज़्यादा किराया दीनदयाल देता था—तीन रुपए। और सबसे कम किराया कल्लू हज्जाम देता था—एक पैसा। ये किराएनामे कोई पचास बरस पुराने थे। दीनदयाल वग़ैरा अब वहाँ रहते नहीं थे, परन्तु उन्होंने क़ब्ज़ा नहीं छोड़ा था। हवेली के हिस्से

में अब उनका गोदाम था...।

कहने का मतलब यह है कि सरकारी काग़ज़ात में मन्दिर हवेली के अन्दर था, हालाँकि ख़ुद अब वह हवेली ज़मीन पर नहीं थी। और शहरवाले जिसे बीबी का कटरा कहने लगे थे, वह पुलिस के नक़्शे और म्युनिसिपैलिटी के रजिस्टरों में बीबी की हवेली लिखी हुई थी।

"...देखिए कँवर साहब," फ़ुसीही मौलवी कह रहा था, "डरने की भी कोई हद होती है।"

परन्तु वज़ीर हसन कुछ देखने पर तैयार नहीं थे, "हम ऊ मन्दिर के मोतवल्ली हैं। हम हर साल ओकी मरम्मत कराते हैं। पुजारी साला चाहे अपनी माँ चोदावे बाक़ी हम हर साल उसकी तनख़्वाह देते हैं।"

"यह आप नहीं बोल रहे हैं कँवर साहब! आपका ख़ौफ़ बोल रहा है।" मौलाना ने कहा। वज़ीर हसन के चेहरे का रंग बदल गया। कमरे में सन्नाटा छा गया।

वज़ीर हसन मुस्कुराए :

"अब हम आपकी तरह जनरल तारिक़ या मुहम्मद बिन क़ासिम के साथ तो रहे ना कि हम्में उनके लशकर की गिनती याद होय। बाक़ी कोई माई का लाल ई नहीं कह सकता कि ठाकुर वज़ीर हसन ख़ाँ बुज़दिल हैं। अरे जब हम ई मन्दिर के वास्ते अल्लाह मियाँ से ना डराने तो दीनदयाल या आपकी क्या हैसियत है! ऊ मन्दिर हमरे घर में है और हम कह रहें कि पूजा होगी।" वह खड़े हो गए, "आप लोग तशरीफ़ ले जाइए।"

वह लोगों के जाने की राह देखे बिना अन्दर चले गए।...

अन्दर हाजरा और अल्लाह मियाँ की तक़रार हो रही थी और हाजरा ने शहला को मुन्सिफ़ बना रखा था, और वह बेचारी दम मारे प्रासिक्यूशन की बहस सुन रही थी :

"हम नहीं मानते तुम्हें। तूँ वज़ीर हसन से मिलके पाकिस्तान बनवाए हो। केह मारे कि हाजरा अल्लन से छूट जाए..." हाजरा चुप हो गई। और फिर वह शहला की तरफ़ मुड़ी और बोली, "अब तूँ ही फ़ैसला कर द् यो धीया, हमरे और अल्लाह मियाँ के बीच। का इन्हें पाकिस्तान बनाए को चाहत रहा?"

शहला ने अल्लाह मियाँ के ख़िलाफ़ फ़ैसला किया। उसके इस फ़ैसले का राजनीति से कोई नाता नहीं था। यह एक बिलकुल घरेलू फ़ैसला था। परन्तु आँगन के अँधेरे में खड़े हुए वज़ीर हसन के लिए यह फ़ैसला बहुत महत्त्वपूर्ण था। उनकी गरदन झुक गई। वह मुड़े और फिर बाहर चले गए।

उनके कमरे में क़ायदे-आज़म की तसवीर उसी तरह टँगी हुई थी। उस तसवीर ने वज़ीर हसन की परेशानी में शरीक होने से इनकार कर दिया।

वज़ीर हसन थोड़ी देर तक उस तसवीर के सामने खड़े रहे। उन्हें अपनी की हुई तमाम तक़रीरें और अल्लन से होनेवाली तमाम बहसें और दीनदयाल के साथ खेले हुए तमाम खेल याद आ रहे थे। वह उन खेलों से आँखें नहीं मिला पा रहे थे। उन्होंने हाथ बढ़ाकर वह तसवीर उतारी और दीवार पर पड़ जानेवाले उस दाग़ को देखने लगे, जो तसवीर के कारण दीवार पर पड़ा था और अब तक तसवीर ही से छिपा हुआ था। सारी दीवार का रंग कुछ और कह रहा था—तसवीर ने एक ही रंग के दो बना दिए थे। क्या यह रंग एक हो सकेगा? वज़ीर हसन के पास इस भयानक सवाल का कोई जवाब नहीं था। वह घबराकर तसवीर को हाथों में लिए कमरे से निकले ही थे कि पुलिस आ गई।

ज़िलाधीश को यह ख़बर मिली थी कि कँवर वज़ीर हसन ख़ाँ

के यहाँ मारवाड़ी टोले को लूटने और गजानंदजी की दुकान में आग लगाने की साज़िश हो रही है।

चुनाँचे वज़ीर हसन गिरफ़्तार कर लिए गए।

वह रात शहला पर बहुत भारी गुज़री क्योंकि वातावरण में एक ख़ौफ़नाक सन्नाटा पर फड़फड़ा रहा था। घर में कोई और मर्द था नहीं। और हाजरा अल्लाह मियाँ से उलझी हुई थी।...आख़िर रात के कोई दो बजे शहला उठ बैठी। आबेदा की आँख खुल गई।

"कहाँ जा रहियु?"

"दीनदयाल दादा के पास जा रहें।"

"तूँ इकदम्मे से पगला गई हौ का धिया? ई कौनो बख़त है नवा पूरे जायेका?" आबेदा ने घुड़का।

"हमरे ज़माने में लोग कलकत्ता, बम्बई जाते रहे," हाजरा की आवाज़ आई, "ई पाकिस्तान बोहारगवा आ गवा कानी कहाँ से। अब जेको देखो ऊहे पाकिस्तान में है। त ई त तोरी बइमानी की बात है ना। कलकत्ता बम्बई को का इ बुरा न लगता होइहें कि सब जने पाकिस्ताने चले जा रहे हैं..."

"चुप रहिए अम्माँ!" आबेदा पहली बार अपनी सास पर झल्लाई "कुछ ख़बरो है आपको? अब्बा को झाड़ू-मारे सिपाहिया सब जेहल ले गए।..."

सास-बहू में तक़रार शुरू हो गई।

और अभी यह तक़रार ठीक से ख़त्म नहीं हो सकी थी कि वज़ीर हसन आ गए। मालूम हुआ कि दीनदयाल ने ज़मानत ले ली। और उन्हें दीनदयाल ही से यह मालूम हुआ कि राम अवतार ने शंख, मन्दिर के कुएँ में फेंक दिया। इस पर हिन्दू नौजवान ख़फ़ा हो गए और उन्होंने राम अवतार की ठोंकाई लगा दी और यह कि वह अब अस्पताल में है।

न दीनदयाल ने यह बताया कि इसे उनकी गिरफ़्तारी की ख़बर कैसे मिली और न वज़ीर हसन ने पूछा।

दीनदयाल चले गए। वज़ीर हसन अन्दर नहीं आए। आबेदा सदक़ा लिए-लिए ऊँघ गई। वह बाहर अपने कमरे में टहलते रहे और उस दीवार की तरफ़ देखते रहे, जिस पर अब जिन्ना साहब की तसवीर नहीं थी। उनकी आत्मा में एक तूफ़ान आया हुआ था। उन्होंने उस दीवार को घूरा, जिस पर क़ायदे-आज़म की तस्वीर थी : मुस्लिम लीग गई अपनी माँ की चूत में। हम अली बाक़र ना हैं। हम वज़ीर हसन हैं। वक़्फ़-अल्लाह के मोतवल्ली।

वह दबे पाँव घर से बाहर निकले।

मन्दिर के चारों तरफ़ पहरा था। पी.ए.सी. के जवान टाँगें फैलाए सो रहे थे। मन्दिर भी गहरी नींद में था।

उन्होंने कुएँ की डोर अन्दर गिराई। फिर उन्होंने गरारी के रॉड में गिरह लगाकर गिरह को देखा। और फिर वह 'या अली' कहके अँधेरे कुएँ में उतरने लगे।

अपनी जवानी में वह बड़े अच्छे तैराक हुआ करते थे; परन्तु अब वह अट्ठावन साल के थे और कुएँ का पानी बहुत ठंडा था। वह डुबकी लगाते और निकल आते।...कोई आठवीं या नवीं डुबकी में उन्होंने शंख निकाल लिया।

उनके बूढ़े बाज़ुओं में दर्द हो रहा था। साँस बहुत तेज़ चल रही थी। सीने में साँस की गाँठें-सी पड़ रही थीं। उन्होंने ऊपर देखा। हज़ारों-लाखों मील दूर सितारे चमक रहे थे और बस। हर तरफ़ घना अँधेरा था।

जो कुआँ पुराना न रहा होता तो शायद वह निकल ही न पाते। जगह-जगह ईंट गल गई थी और पाँव जमाने की जगह निकल आई थी।

ऊपर आकर वह बेसुध होकर पड़ गए। जगत की ठंडक उनके जोड़-जोड़ पर प्यार से हाथ फेरने लगी।

साँस ठीक हो जाने के बाद वह उठे और मन्दिर में चले गए।

मन्दिर में एक दीया जल रहा था। वज़ीर हसन ने महसूस किया कि हिन्दुस्तान का इतिहास और उसका भविष्य दोनों ही मन्दिर में खड़े उन्हें गौर से देख रहे हैं।

सुबह होने ही वाली थी। उन्होंने वहीं सुबह की नमाज़ पढ़ी। नमाज़ ख़त्म करके उन्होंने दुआ के लिए हाथ उठा दिए :

'पाक परवरदिगार! मेरे गुनाहों को माफ़ कर दे। एहदेनस सेरातल मुस्तक़ीम। सेरातल लज़ीना। अन अम्ता अलैहिम ग़ैरिल मग़दूबे अलैहिम वलद्दालीन।...' क़ुरान का एक टुकड़ा। अर्थ हमें सीधे रास्ते पर चला। उनके रास्ते पर जिन पर तेरी नेमतें उतरीं न कि उनके रास्ते पर कि जो गुमराह हैं और जिन पर तेरा ग़ज़ब उतरा है।...

सलाम फेरकर वह उठे।

उन्होंने बाहर की तरफ़ देखा। पी. ए. सी. के सिपाही अब तक सो रहे थे। उन्होंने मूर्ति की तरफ़ देखा और फिर वह शंख फूँकने लगे...

दूसरे दिन के समाचार-पत्रों में यह समाचार निकला कि मन्दिर की मूर्ति को तोड़ने की कोशिश करता हुआ एक मुसलमान पी.ए.सी. की गोली से मारा गया। शहर और आस-पास के गाँवों में दंगा हो गया। तीस आदमी मारे गए। दो सौ अस्पताल में हैं। लूटमार की वारदातें भी हो रही हैं। शहर में कर्फ़्यू लगा दिया गया है। बनारस, मिरज़ापुर, बलिया, जौनपुर और आज़मगढ़ के वातावरण में तनाव महसूस कर अधिकारियों ने हफ्ते भर के लिए दफ़ा चवालीस लगा दी है।

ज़ाहिर है समाचार-पत्रों ने यह समाचार नहीं दिया कि शहला की सहेली शहरनाज़ उसी रात अक्तूबर की छुट्टियाँ गुजारने ग़ाज़ीपुर आई।

समाचार-पत्रों ने यह भी नहीं लिखा कि उस रात वहशत अंसारी ने अपनी डायरी में क्या लिखा।

वहशत ने साहिर लुधियानवी का एक शेर लिखा :

अभी न छेड़ मुहब्बत के गीत ऐ मुतरिब।
अभी हयात का माहौल ख़ुशगवार नहीं॥

समाचार-पत्रों ने यह भी नहीं लिखा कि वज़ीर हसन की मौत की ख़बर सुनकर दीनदयाल ने कहा—हम ई नहीं मान सकते वज़ीर हसन के बारे में।

...अब जब बलवा ख़त्म हो गया और कर्फ़्यू उठ गया तो लोग उस शंख के दर्शन के लिए आने लगे, जो ख़ुद-ब-ख़ुद कुएँ से निकला और जब उसने देखा कि एक मलेच्छ मूर्ति को तोड़ रहा है तो वह ख़ुद-ब-ख़ुद बजने लगा कि पी.ए. सी. के जवान जाग जाएँ।...

चुनाँचे एक बड़ी सभा में यह तै किया गया कि वहाँ एक आलीशान मन्दिर बनवाया जाए। मन्दिर के लिए दस हज़ार तो वहीं इकट्ठा हो गए।

और यों शहला पहली बार वहशत के घर वहशत से मिलने गई, क्योंकि ठाकुर कँवर वज़ीर हसन ख़ाँ के मरने के बाद वह वक्फ़ की मोतवल्ली हो गई थी और मन्दिर वक्फ़ की जायदाद था।

वहशत अपने ऑफ़िस में बैठा किसी मुक़दमे की मिसिल देख रहा था कि नौकर ने झाँककर कहा :

"मियाँ, दुल्हन साहेबा बुला रहीं।"

ग़फ़ूर पुराना नौकर था। वह वहशत की माँ को अब भी दुल्हन साहेबा कहा करता था। हालाँकि अब वह बेचारी किसी तरफ़ से दुल्हन साहेबा नहीं रह गई थीं।

वहशत को शहरनाज़ ने आँगन ही में पकड़ा :

"भाई साहब, शहला का मुक़दमा है।"

"क्या मुक़दमा है?"

"यह तो आप ही जानें।"

वहशत तीन-दरे में जाकर उस पलंग पर बैठ गया, जिस पर दुल्हन साहेबा यानी उसकी माँ बैठी हुई थीं, और अटक-अटककर 'सियासत' कानपुर में छपनेवाले ग़ाज़ीपुरी दंगे की ख़बर पढ़ रही थीं।

शहरनाज़ कमरे में चली गई। फिर अन्दर से खुसुर-फसुर की आवाज़ें आने लगीं। धीरे-धीरे शहरनाज़ की आवाज़ साफ़ होने लगी।

"मगर मैं क्या समझाऊँगी तुम्हारा केस?"

"मुझे शरम आती है।"

"ऐ बेटा, वकील और डाक्टर से क्या पर्दा!" दुल्हन साहेबा बोलीं।

शहरनाज़ किवाड़ का एक पट पकड़कर खड़ी हो गई और बोली :

"भाई साहब! शहला आदाब कह रही है।"

"उनसे कहो कि चचा मरहूम की बेवक़्त मौत पर दिल न कुढ़ाएँ। वह बड़े बहादुर आदमी थे। देखो बीबी," वह शहला से बातें करने लगा, "आदमी हमेशा मरते रहते हैं। सिर्फ़ बातें ज़िन्दा रहती हैं।"

"भाई से कह दो शहरू कि हम दादा की बात करने नहीं आए हैं।" शहला की आवाज़ आई, "मैं पुरसा लेने भी नहीं आई हूँ। भाई से कहो कि वह मन्दिर हमारे मकान में है, और उस पर हमारा क़ब्ज़ा है। हम उसका हाउस टैक्स देते हैं। मैं राम अवतार चचा और दीनदयाल चचा और बाबू जगदम्बा प्रसाद वग़ैरा पर ट्रेसपासिंग का मोक़दमा क़ायम करना चाहती हूँ।"

"शहरनाज़, इनसे कहो कि मुक़दमा दायर करने में कोई परेशानी नहीं है। लेकिन..." वह चुप हो गया। उसे अपनी बात कहने के

लिए शब्द नहीं मिल रहे थे। उसके दिमाग़ में वे सारे बलवे थे, जो पैंतालीस से अब तक हो चुके हैं।

"भाई से कहो शहरू कि मैंने 'लेकिन' से डरना छोड़ दिया है। उनसे कहो कि कभी हमारी तरफ़ आकर दादी और अल्लाह मियाँ के डाइलाग्स सुनें और दादा के कमरे की वह दीवार देखें, जो बरसों से क़ायदे आज़म की तसवीर के टँगे होने की वजह से दाग़दार हो गई है। इनसे पूछो कि तसवीर तो हट गई है, मगर दाग़ रह गया है, तो उस दाग़ को मिटाने की क्या तरकीब है? या उस दाग़ को छिपाने की क्या तरकीब है? क्या हम वहाँ कोई और तसवीर टाँग दें? हम मुसलमान हैं। हम अपने घर में बुतपरस्ती नहीं होने देंगे।"

"मगर वक्फ़..."

"वह वक्फ़ दादा के यूँ मारे जाने से बहुत पहले बनाया गया था। यह बात सिर्फ़ मैं जानती हूँ कि वह शंख कुएँ से ख़ुद नहीं निकला था। यह बात भी सिर्फ़ मैं जानती हूँ कि दादा ने उस मन्दिर में सुबह की नमाज़ पढ़ने के बाद शंख फूँका था।"

"क्या!" वहशत सँभलकर बैठ गया।

"दादा को इसकी ख़बर नहीं थी कि जब वह उस रात अपने कमरे में आए तो मैं जाग रही थी। जिस वक़्त उन्होंने जिन्ना साहब की तसवीर उतारी थी, उस वक़्त उनके हाथों में कोई कम्प नहीं था। फिर जब वह बाहर जाने लगे तो मैंने उन्हें पुकारना चाहा मगर मेरे मुँह से आवाज़ न निकली। और..."

"मगर दीनदयाल साहब ने वज़ीर हसन चा की ज़मानत ली थी।"

"तो मैं क्या करूँ? वह दादा मरहूम के दोस्त हैं।"

"बीबी, क्या तुमने तै कर लिया है?"

"जी हाँ।"

"तो मेरा ख़याल है कि तुम कोई हिन्दू वकील करो।"

"क्या मुक़दमे में भी हिन्दू-मुसलमान होने लगे हैं? क्या अल्लाह मियाँ और भगवान ने अदालतों को भी आपस में बाँट लिया है?"

वह वहशत जो वकील बाद में था और कवि पहले, उदास हो गया। वह जिसे ख़्वाबों में देखा करता था, वह देखते ही देखते लड़की से मुवक्किल बन गई! कुरते और पत्ती का काम और कंठीवाले गले—तमाम बातें ख़त्म हो गईं।

और जो लैला और शीरीं और हीर और सोहनी थी, वह मुसम्मात शहला बानो बिंते कँवर अली बाक़र ख़ाँ बन गई!

"यह मुक़दमा लड़ने की मेरी राय नहीं है।"

"क्यों?"

वहशत के पास इस सवाल का जवाब था भी और नहीं भी था। हक़, क़ानून, इंसाफ़, धर्म, मस्जिद, मन्दिर, घर, बाज़ार, सिनेमा की बुकिंग-विंडो, मेले-ठेले, तर त्योहार, प्यार, ज़िन्दगी और मौत—ये और इस तरह के दूसरे शब्द कितने धुँधले हो गए हैं। लगता है कि समय इन शब्दों की रोशनाई का रंग चाट गया है, आँसू ने लिखावट को फैला दिया है। ये शब्द, जिनसे आत्मा की किताब भरी हुई थी, अब ठीक से पढ़े नहीं जाते। दिल के कोने-कोने में एक डर रेंग रहा है, केंचुए की तरह। यह डर एक नया तजरबा है। यह तजरबा अभी ख़त्म नहीं हुआ है। मन्दिरों में इसी की मूर्ति है, और मस्जिदों में इसी की नमाज़ पढ़ी जाती है। जो शब्द भगवान है वह ओऽम नहीं है डर है। अल्लाह के लाखों-लाख नामों में एक नाम और बढ़ गया है—डर! हमारी चेतना, हमारी समझ, हमारी सोच और हमारे ज्ञान के कंधों पर डर की सलीब है...डर। यही सत्य है। डर के सिवा जो कुछ है, वह झूठ है। 'हर चन्द कहें कि है, नहीं है...!'

यह लड़की जो इस बीच के कमरे में बैठी हुई भगवान को बेदख़्ली का नोटिस देना चाहती है, दरअसल डरी हुई है; परन्तु इसे यह मालूम नहीं है। ग़ुस्सा, झल्लाहट, शक, नफ़रत—उसी डर के रूप हैं, जो हमारे वर्तमान की सबसे बड़ी देन है। जनसंघ और मुस्लिम लीग और अकाली दल। सन्त फ़तहसिंह, अटल बिहारी, गुरु गोलवलकर, डॉक्टर फ़रीदी—ये सारे नाम उसी एक डर के हैं। गुरु गोलवलकर और डॉक्टर फ़रीदी...

वहशत चौंक गया! डॉक्टर फ़रीदी? यह कैसा नाम है! चौधरी ख़लीक़ुज़्ज़माँ, ज़हीरुद्दीन लारी, राजा महमूयाबाद से जो बात चली थी, वह डॉक्टर फ़रीदी तक कैसे आ गई। वहशत ने पहली बार उस अँधेरी गहराई को देखा, जिसमें भारत के मुसलमानों की आत्मा क़ैद है। डॉक्टर फ़रीदी। यह तो कोई नाम ही नहीं हुआ। कौन है यह आदमी? 'ख़ानये ख़ाली रा देव मी गीरद।'

वहशत मुस्कुरा दिया।

"मैं नहीं मानती यह बात," शहला की आवाज़ आ रही थी, "मैं बलवों के डर से अपने घर को मन्दिर नहीं बना सकती। जो हमें बुतपरस्ती ही करनी है, तो फिर हम मुसलमान ही क्यों हुए थे?"

'मैंने कहा क्या था आख़िर जिसके जवाब में यह आवाज़ आ रही है?' वहशत ने अपने आपसे सवाल किया।

"लेकिन डॉक्टर फ़रीदी को यह हक़ किसने दिया कि वह मेरी तरफ़ 'ख़ाली घर भूत का डेरा!' से मेरी तक़दीर का फ़ैसला करें?" उसने सवाल किया।

"डॉक्टर फ़रीदी?" शहला चकरा गई, "ये डॉक्टर फ़रीदी कहाँ से आ गए हमारे बीच में?"

"यही तो मैं भी पूछ रहा हूँ। ये डॉक्टर फ़रीदी कहाँ से आ गए

हमारे बीच में? ये पुरी के शंकराचार्य कहाँ से आ गए हमारे बीच में? ये हम ख़ुद कहाँ से आ गए अपने बीच में?..."

और बीच के दरवाज़े के सिवा कुछ नहीं था। दरवाज़ा भी खुला हुआ था और उसका एक पट पकड़े शहरनाज़ खड़ी थी, जो कभी अपने भाई की तरफ़ देख लेती थी और कभी अपनी सहेली की तरफ़।

दरवाज़ा खुला हुआ था।

तमाम दरवाज़े खुले हुए थे।

ये दरवाज़े भी क्या चीज़ होते हैं! रास्ता देनेवाले भी यही और रास्ता रोकनेवाले भी यही!...

तो दरवाज़ा खुला हुआ था। परन्तु बीच में शहरू खड़ी थी। और बीच में परम्पराएँ खड़ी थीं। और बीच में पुरानी सदियाँ खड़ी थीं। और बीच में कानपुर का दैनिक 'सियासत' और बनारस का दैनिक 'आज' खड़ा था और बीच में खड़ी थी वह ख़बर जिसे दुल्हन साहेबा ज़ोर-ज़ोर से पढ़ रही थीं।

'हिन्दुओं के एक मुशतइल मजमे ने घरों में आग लगा दी और औरतों की बेहुरमती की। सुभद्रा जोशी ने आगे चलकर कहा...'

वह रुक गईं।

"ई लोग बइठके काहें न बोलते मज़े में? आगे-पीछे काहे को चलथें आख़िर?" दुल्हन साहेबा ने सवाल किया, "टँगरियाँ न दुखातीं एह लोगन की का!"

शहरनाज़ हँस पड़ी। वह मुँह लटकाकर खड़े-खड़े बिलकुल बोर हो गई थी।

"ठीक है शहरू।" शहला ने कहा, "भाई से कह दो कि मुक़दमा तो मुझे लड़ना है। और जो किसी हिन्दू वकील के बिना यह मुक़दमा नहीं लड़ा जा सकता तो मैं किसी हिन्दू वकील के पास ही जाती

हूँ।" वह खड़ी हो गई। वह अपने साथ वहशत के लिए दो कुरते लाई थी। परन्तु वे कुरते तो वहशत के नाप से बहुत बड़े थे। इन कुरतों को अब कौन पहनेगा? उसने इन सवालों की आँखों में आँखें डालकर अपने बटवे से दस का एक नोट निकाला और उस नोट को नज़र भरकर देख लेने के बाद उसने शहरनाज़ की तरफ़ देखा।

"यह मशवरे की फ़ीस है," उसने शहरनाज़ की तरफ़ नोट बढ़ाकर कहा।

"पागल हो गई हो क्या!" शहरनाज़ ने कहा, "अब तुम भाई साहब को फीस दोगी?"

वहशत काँप गया।

"डॉक्टर और वकील को फ़ीस तो देनी ही पड़ती है ना।"

"देखो, तुम यह बदतमीज़ी करोगी तो ठीक नहीं होगा शहला। मैं कहे देती हैं, हाँ!"

"मैं फ़ीस देने नहीं आई थी। कुरते देने आई थी। लेकिन जो देने आई थी, उसे वापस ले जा रही हूँ; और जो देने नहीं आई थी, वह देने पर इसरार कर रही हूँ। कँवर वज़ीर हसन ख़ाँ की पोती किसी का एहसान नहीं ले सकती शहरू!"

शहरनाज़ सन्नाटे में आ गई। शहला ने उसके हाथ में नोट रखकर उसकी मुट्ठी बन्द कर दी।

वहशत चुपचाप उठा और बाहर चला गया। खुले दरवाज़े से शहला को उसकी पीठ दिखाई दी।

दरवाज़ा खुला हुआ था।

शहला खुले दरवाज़े से बाहर आ गई।

"ख़ाला, अब मैं जा रही हूँ।"

"बैठ जाओ बेटा," दुल्हन साहेबा ने कहा, "हशमत! कानी

कहाँ मर गई है इ दिमाग़ढही। हशमत,..."

"मुझसे कहिए।" शहरनाज़ ने कहा।

"तनी गफ़ ख़ाँ से कहके शहला के वास्ते एक ठो रकशा मँगवा द्यो।"

"मेरा रिक्शा खड़ा है ख़ाला!' शहला ने कहा।

"आदाब!"

"जियो, बेटा! अपनी अम्माँ से कह दीहो कि हम दो-एक दिन में आएँगे।"

"जी अच्छा।"

यह कहकर उसने शहरनाज़ की तरफ़ देखा। शहरनाज़ का चेहरा उतरा हुआ था। उसकी मुट्ठी अभी तक बन्द थी। शहला मुस्कुरा दी और बोली :

"अम्मा ने तुम्हें बुलाया है। उनसे मिले बिना अलीगढ़ मत सरक जाना।"

वह यह कहकर दालान की सीढ़ियाँ उतर गई। शहरनाज़ जहाँ खड़ी थी, वहीं खड़ी देखती रही कि शहला उससे दूर होती जा रही है।...

ब पर ऊ की मात्रा

ठाकुर शिवनारायण सिंह वकील ने शहला की तरफ़ से इस्तिग़ासा दायर कर दिया।

यह ख़बर शहर में आग की तरह फैल गई। ठाकुर साहब का ख़याल भी यही था। बेचारों की वकालत चलती नहीं थी। इसलिए जब उन्हें पता चला कि शहला एक हिन्दू वकील तलाश कर रही है और हिन्दू वकील मिल नहीं रहा है तो उन्होंने कोशिश की कि वह मुक़दमा उन्हें मिल जाए। उनका ख़याल था कि यह मुक़दमा लेते ही मुसलमानों के सारे मुक़दमे उनके पास आ जाएँगे। उनका यह ख़याल ग़लत भी नहीं था। वकालतनामे पर दस्तख़त करते ही वह शहर के मुसलमानों के लीडर हो गए और हयातुल्लाह अंसारी बड़ी मुश्किल में फँस गए।

"इ मुसलमान वकील तो साले पैदाइशी गाँडू हैं।" बद्रुद्दीन 'मुफ़लिस' ग़ाज़ीपुरी ने रफ़ी बीड़ी सुलगाते हुए कहा।

"ठाकुर फिरो ठाकुर है।" मजीन रिक्शेवाले ने कहा।

"अउर का। इ लोग तो बात पर जान देवे में कानी कब से मशहूर चले आ रहें।" कोई और बोला।

झूलन उसे ठीक से देख न सका। बिक्री का वक़्त था। बलवों में दुकान बन्द पड़ी थी। अब जाकर तूफ़ान थमा था और दुकान खुली थी। वह दिल ही दिल में हिसाब लगा रहा था कि जो चालीस-की-चालीस फ़रीनी बिक जाए और बालाई ख़त्म हो जाए और ख़स्ता बिस्कुटों के दसों बंडल निकल जाएँ और चाय की डेढ़ सौ प्यालियाँ भी बन जाएँ तो बलवों का झोंका ख़त्म हो जाए।

"ठाकुर शिवनरायन जाएँ अपनी माँ की..."

"चार चाय" न जाने किसने कहा और झूलन के दिल में आई हुई गाली आधी रह गई। वह चाय बनाने लगा; क्योंकि ठाकुर शिवनारायण सिंह को गाली तो वह कभी भी दे सकता था।

"अल्लाह बस। बाक़ी हवस!" गली के नुक्कड़ से बेहाल शाह के नारे की आवाज़ आई। शाह साहब की आवाज़ सुनकर झूलन झल्ला गया, क्योंकि बेहाल शाह उसके पिता बंधू उस्ताद के दोस्त थे, इसलिए जब आते थे तब मुफ़्त की चाय पीते थे और हराम की फ़रीनी खाते थे! झूलन ने बड़ी हसरत से फ़रीनी की सिकोरियों की तरफ़ देखा।

"बेहाल शाह की माँ का..."

"ला बेटा, एक चाय पिला।" बेहाल शाह की आवाज़ आई और झूलन की गाली फिर अधूरी रह गई।

"सलामलेकुम चा!" उसने मुस्कुराकर बेहाल शाह को सलाम किया।

बेहाल शाह पचास साल के एक काले-भुजंग आदमी थे। आँखें इतनी लाल थीं, जैसे बरसों का धुआँ भरा हो। कोई उनकी आँखों में नहीं देखता था। उनकी आँखों में देखने से अपनी आँखों में पानी आ जाता था। और इसलिए यही आँखें उनकी ताक़त थीं। इन्हीं आँखों

के कारण उनके दरवाज़े पर शहर की औरतों का ठठ लगा रहता था। ये दिन-रात बच्चे बाँटते रहते थे। किसी को पोता चाहिए, किसी को नवासी। किसी के यहाँ ताबड़तोड़ सात लड़कियाँ हो चुकी हैं और मियाँ कहता है कि आठवीं हुई तो तलाक़ दे दूँगा। यह बीमार हैं। वह दुखी हैं। इसका मियाँ क़त्ल के मुक़दमे में फँसा हुआ है। 'तनी अल्लाह मियाँ से कहिए शाह साहब, कि ऊ ऊ झाड़ूमारे की मव्वत एही तरा लिक्खिन रहा त ए में फुक्का के अब्बा का कउन क़सूर है...।'

...शाह के आँगन में तमाम आँगनों के आँसू बरसते रहते और ख़्वाब आँखमूँदव्वल खेलते रहते और शाह साहब तमाशा देखते रहते।

परेशानी यह थी कि अल्लाह मियाँ से उनकी कोई ख़ास जान-पहचान नहीं थी। और जब से हाज़रा और अल्लाह मियाँ की बातचीत होने लगी थी, उनका कारोबार कुछ मंदा पड़ गया था। हाज़रा का दरबार बहुत बढ़ गया था; क्योंकि उसके यहाँ तो कुछ चढ़ावा भी नहीं चढ़ाना पढ़ता था। शाह साहब ने बड़ा ज़ोर मारा कि औरत ज़ात फिर औरत ज़ात है। परन्तु उनकी एक ने न सुनी। क्योंकि सबने अपनी आँख से देख रखा था कि हाज़रा अल्लाह मियाँ से बातें करती है।

इसलिए बेहाल शाह को एक मज़ार की सख़्त ज़रूरत थी। वह समाचार-पत्रों में यह इश्तहार तो दे ही नहीं सकते थे कि ज़रूरत है एक मज़ार की! और शहर में जितने क़ायदे के मज़ार थे, वे सब उठे हुए थे—कि एक सुबह को कँवर वज़ीर हसन के मरने की ख़बर मिली और बेहाल शाह को मज़ार मिल गया।

वज़ीर हसन के चारों तरफ़ एक मिथ का जाल बुना जाने लगा। पहले तो शाह साहब ने एक ख़्वाब देखा कि 'एक आदमी मुँह पर हरा नक़ाब डाले सफ़ेद घोड़ा उड़ाता आया और डपटकर बोला :

यहाँ कहाँ बैठा है। वज़ीर हसन के मज़ार पर जा।' यह ख़्वाब देखकर, उनकी आँख खुल गई। वह पसीने में तर-ब-तर थे और उनकी कोठरी जूही की महक से ठसाठस भरी हुई थी। जब उन्होंने ताबड़तोड़ तीन रात बराबर यही ख़्वाब देखा तो वज़ीर हसन को वज़ीर हसन रज़ी अल्लाह[1] कहने लगे। और फिर कर्फ़्यू के उठते ही वह वज़ीर हसन के घर गए।

"अल्लाह बस। बाक़ी हवस।" उन्होंने नारा मारा, "दुल्हन बेटा से कहो कि बेहाल शाह आए हैं।"

आबेदा दरवाज़े पर आ गई। ड्योढ़ी में एक मोंढ़ा डाल दिया गया।

"बेटा, हम तुमसे वज़ीर हसन रज़ी अल्लाह के मज़ार पर झाड़ू देने की इजाज़त माँगने आए हैं।"

आबेदा के पास खड़ी हुई शहला को यह रज़ी अल्लाह बहुत अजीब लगा।

आबेदा चुप रही।

"हम तीन रात से बरोबर बुज़ुरगन का जूता खा रहें कि हियाँ का बैठा है। जा वज़ीर हसन के मज़ार पर।"

बुज़ुर्गों का नाम सुन लेने के बाद इनकार की गुंजाइश नहीं थी। चुनाँचे बेहाल शाह उसी दिन मज़ार पर जा बैठे। और मास्टर अब्दुल्लाह मज़ार की इमारत का नक़्शा बनाने लगे। शहर का हर मुसलमान इस नेक काम में शरीक होना चाहता था। इसलिए एक मज़ार कमेटी बन गई। रसीदें छप गईं। चन्दा लिया जाने लगा। परन्तु जहाँ चन्दा होगा, वहाँ झगड़ा अवश्य होगा।

रशीदुल्लाह अहरारी का तो पेशा ही चन्दा माँगना था। उन्हें बड़ा ताव आया कि बेहाल शाह ने इतना बड़ा हाथ कैसे मार लिया। चुनाँचे

1. रज़ी अल्लाह : (अरबी) अल्लाह रज़ी या ख़ुश है।

एक और मज़ार कमेटी बन गई। और दोनों कमेटियों में गाली-गलौज होने लगी। अहरारी साहब बेहाल शाह को लपाड़िया बताते और शाह साहब अहरारी साहब को चार सौ बीस कहते।...

अली बाक़र पाकिस्तान में थे। चन्दा जमा करनेवालों से कौन कहता कि भाई, कँवर वज़ीर हसन का मज़ार चन्दे से नहीं बनेगा!

इसी बीच में दीनदयाल ने दरख़ास्त दे दी कि मज़ार बना तो फिर फ़साद हो जाने का डर है। और यही सुनकर शहला ने फ़ैसला किया था कि वह ट्रेसपासिंग का मुक़दमा क़ायम करेगी।

शहला अपने दादा का मज़ार वहीं बनवाना चाहती थी, जहाँ वह शहीद हुए थे। ठाकुर शिवनारायण सिंह का कहना था कि चूँकि ज़मीन वक्फ़ की हवेली के अन्दर है, इसलिए मुतवल्लीया को हक़ है कि वह हवेली में जो तबदीली मुनासिब जाने वह तबदीली करवा ले। मन्दिर कोई बाक़ायदा मन्दिर नहीं है।

ज़िलाधीश सरदार कुलजीतसिंह परेशान कि आख़िर इस समस्या का हल क्या हो! उनके घर पर रोज़ शहर के लोगों को मीटिंगें होतीं। ज़ाहिर है कि वहाँ न बेहाल शाह बुलवाए जाते और न रशीदुल्लाह अहरारी! शहला जाती और एक दूसरे कमरे में बैठती और बातें सुनती और बातें सुनाती। एक दिन उसने दीनदयाल को यह कहते सुना कि जो वहाँ वज़ीर हसन का मज़ार बना तो हिन्दू इस ज़िल्लत को सहन नहीं करेंगे।

शहला ने फ़ैसला किया कि अब परदे में बैठने का वक़्त नहीं है। वह उठी और उस कमरे में आ गई!

कमरे में सन्नाटा छा गया। वह सीधी दीनदयाल के पास गई और बोली :

"मैं शहला हूँ। आपके पुराने दोस्त वज़ीर हसन की पोती। मैं

अपने दादा का मज़ार बनवाना चाहती हूँ। जो उनके अपने घर में उनका मज़ार नहीं बन सकता तो मुझे सरकार से इजाज़त दिलवा दी जाए कि मैं उनकी लाश, पाकिस्तान ले जाकर उनके बेटे के हवाले कर आऊँ।"

"ए बिटिया, वज़ीर हसन का मज़ार तूँ हमरे आँगन में बनवाल्यो।" दीनदयाल ने कहा, "इ मत समझल्यो कि ख़ाली वज़ीर हसन मरे हैं। हमहूँ मर गए हैं आधे। बाक़ी धरम वज़ीर हसन अउर दीनदयाल और तोहरे वकील ठाकुर शिवनरायन सिंह से बड़ा है।"

"धर्म बड़ा है तो क्या वह मेरी ज़मीन पर क़ब्ज़ा कर लेगा? मैं वह तमाम मस्जिदें तो वापस नहीं माँग रही हूँ ना दीनदयाल दादा, जो सन सैंतालीस में हमसे छिन गईं। क्योंकि पाकिस्तानी मन्दिरों से निकाले हुए भगवान को भी घर चाहिए ही आख़िर। लेकिन मैं आपके भगवान को अपना घर नहीं दूँगी।" वह काँप रही थी।

कमरे में सन्नाटा रहा।

दीनदयाल के चारों तरफ़ एक ज़बरदस्त तूफ़ान था। सामने जो लड़की खड़ी ग़ुस्से में काँप रही थी, वह उनके सबसे गहरे और सबसे प्यारे दोस्त वज़ीर हसन की पोती थी। और वह कह रही थी कि वह अपना घर भगवान को नहीं देगी।

सब उनकी तरफ़ देख रहे थे। वह ज़मीन की तरफ़ देख रहे थे और उन दिनों को याद कर रहे थे, जब पाकिस्तान नहीं बना था। जब दूसरा महायुद्ध नहीं हुआ था। जब ख़िलाफ़त की तहरीक नहीं चली थी। जब पहला महायुद्ध भी नहीं हुआ था। जब वह भी बच्चे थे; हिन्दू नहीं थे। जब वज़ीर हसन भी बच्चे थे; मुसलमान नहीं थे। वे एक ही मौलवी से पढ़ा करते थे; और एक साथ शरारतें किया करते थे। एक साथ अमरूद चुराया करते थे। और एक ही-सी डाँटें सुना

करते थे।...और आज यह सामने खड़ी हुई लड़की कितनी दूर थी!...

उन्होंने आँखें उठाई।

"ए बिटिया! जो तूँ कह रहियु ऊ हो ठीक है। बाक़ी जो हम कह रहें ऊ हो ठीक है।"

"ठीक है दीनदयाल दादा!" उसने कहा, "वहाँ कोई मज़दूर काम नहीं करेगा। मैं बनाऊँगी अपने हाथ से अपने दादा और आपके दोस्त और आपकी दोस्ती का मज़ार। लेकिन इतना सुन लीजिए कि वह शंख, जो उस सुबह को बजा था, वह मेरे दादा ने बजाया था और शंख बजाने से पहले उन्होंने वहाँ सुबह की नमाज़ पढ़ी थी।"

जब तक लोग चौंकें-चौंकें, वह कमरे से निकल गई।

समर हाउस के सामने जोखन अपने रिक्शे के अगले पहिए से टिका उकड़ूँ बैठा बीड़ी पी रहा था और सोच रहा था कि जो फिर बलवा हुआ तो फत्ते को ज़रूर ठिकाने लगा देगा जो उसकी बीवी से फँसा हुआ है।

वैसे तो जोखन को बलवे बिलकुल पसन्द नहीं थे। जब तक बलवे अपने शहर में नहीं हुए थे तब तक तो वह ताड़ीख़ाने में बड़े जोश से कहा करता था कि इस्लाम ज़िन्दा होता है, हर करबला के बाद। पर जब ग़ाज़ीपुर में दंगा हो गया तो उसे पता चला कि इस्लाम तो बाद में ज़िन्दा होगा, पहले तो उसका घर ही मर जाएगा। हिन्दुओं से बच भी गया तो भूख मार डालेगी। साली सरकारें गाँडू हैं। दन देना कर्फ़्यो लगा देती हैं। कलट्टर साले का का जाता है! साला हमरी तरह दिनभर रिक्शा खींचे तब न पता चले बेटा को, कि कर्फ़्यो का होता है। बाक़ी ऊ मादर..."

चाप सुनकर वह मुड़ा।

वह शहला को पहचान न सका। और वह पहचानता भी कैसे?

उसे क्या मालूम था कि वह छोटी-सी साँवली लड़की, जो कँवर साहब के आँगन में खेला करती थी, कैसी निकल आई है? साँवला रंग। बला की नाक। आँखें गहरी कत्थई, न बड़ी न छोटी। वह बालों की लंबी चोटी से खेलती हुई रिक्शे की तरफ़ आ रही थी। जोखन का जी चाहा कि काश! उसे यह सवारी मिल जाती। परन्तु जब वह लड़की रिक्शे पर बैठने लगी तो उसे बोलना पड़ा :

"ख़ाली ना है।"

परन्तु यह सुनकर भी वह लड़की रिक्शे पर बैठ गई और बोली, "चलो।"

जोखन इस आवाज़ को पहचान गया। यह वही आवाज़ थी। वही हज़ारों-लाखों में एक आवाज़। वह अपनी बीड़ी बुझाकर खड़ा हो गया।

"कोठीए चलें ना?" उसने पूछा।

दरअसल वह यह सवाल करना नहीं चाहता था। वह उसकी तरफ़ देखना चाहता था और उसकी तरफ़ देखने के लिए कुछ कहना ज़रूरी था।

"कोठी नहीं ले चलेगा तो क्या अपने घर ले चलेगा?" झल्लाई हुई शहला ने कहा। वह दीनदयाल या कलेक्टर साहब या बेहाल शाह से नहीं झल्लाई हुई थी। वह तो अपनी सहेली शहरनाज़ के बड़े भाई वहशत अंसारी से ख़फ़ा थी। परन्तु जोखन को तो यह मालूम नहीं था ना! तो वह बेचारा चकरा गया।

"ख़ैरुनिया के बिआह में तो आए ही को पड़िहे।" यह कहता हुआ वह रिक्शे पर बैठ गया। ख़ैरुन उसकी छोटी बहन का नाम था।

"कहाँ हो रहा है उसका ब्याह?"

बात चल पड़ी। जोखन उसकी आवाज़ का ज़हर पीता रहा। वह ज़हर धीरे-धीरे उसके सारे बदन में समाता गया। रिक्शा ग़ायब

हो गया। सड़क ग़ायब हो गई। समय ग़ायब हो गया। सिर्फ़ एक आवाज़ रह गई। एक बड़ी नमकीन और साँवली आवाज़। और जैसे पीठ पर आँखें उग आईं। उसका सारा बदन ऐंठने लगा। —अरे जो हम ज़िन्दगी-भर एक्को दिन रिक्शे का कराया माँगें तो जोखन नहीं भड़ुवा कह लींहो। ऊ बहिनचोद ठाकुर में का रक्खा है?

और सच्ची बात भी यही थी कि ख़ुद शहला को भी यह नहीं मालूम था कि ठाकुर शिवनारायण सिंह में क्या रखा है। ठाकुर साहब एक सूखे-सड़े हुए आदमी थे। नीचा माथा, वीरान आँखें, छोटा तिकोना मुँह, आवाज़ ऐसी, जैसे कोई कायर दूर खड़ा गालियाँ बक रहा हो। ख़्वाबों के सिवा उनके पास कोई चीज़ ख़ूबसूरत नहीं थी। क्योंकि सूरत देखती हैं खुली आँखें और ख़्वाब देखती हैं बन्द आँखें।

ठाकुर साहब ख़्वाबों के बड़े शौक़ीन थे। उनके पास भाँति-भाँति के ख़्वाबों की एक म्यूज़ियम-सी थी। टेनिस खेलते तो रोड लेवर की ऐसी-तैसी कर देते। क्रिकेट खेलते तो सोबर्स बच्चा दिखाई देने लगता। उन्हें वकालत में पेरी मेसन[1] का स्टाइल पसन्द नहीं था। परन्तु वह डेला स्ट्रीट[2] की जाँघों पर हाथ फेरने के लिए कभी-कभार पेरी मेसन भी बन जाया करते थे। दो-एक बार जैकलीन कैनेडी के ब्लाउज़ में हाथ डालकर वह देख चुके थे कि वहाँ कुछ है भी या ख़ाली धूम-धड़क्का ही है। यह उन दिनों की बात है जब जैकलीन हिन्दुस्तान आई हुई थी। वह चार बड़ों की कॉन्फ्रेंस में पाँचवें बड़े की हैसियत से शरीक होते और देखते ही देखते दुनिया की सारी समस्याएँ ख़त्म हो जातीं और वह चौंकते तो देखते कि जो आदमी अभी तक राष्ट्रपति जॉन्सन था, वह फिर उनका कोई मुवक्किल बन

---

1. गाईनर के जासूसी उपन्यासों का नायक।
2. पेरी मेसन की सेक्रेटरी।

चुका है और कह रहा है कि इस समय तो वह तीन रुपए से ज़्यादा दे ही नहीं सकता और वह इस सोच में पड़ जाते कि आख़िर उनके हिस्से में यह सड़े हुए लोग ही क्यों आते हैं?

ये ठाकुर साहब किसी तरफ़ से इस क़ाबिल न थे कि कोई लड़की उनसे प्यार करती। परन्तु ख़ुद उन्हें लड़कियों से प्यार करने पर कौन टोक सकता था। चुनाँचे वह बेचारे तो शहला की आवाज़ ही सुनकर उस पर लट्टू हो गए। परन्तु यह प्यार उनके दूसरे तमाम प्यारों से अलग था। उनमें धीरे-धीरे एक परिवर्तन होने लगा। उनके दिन उस आवाज़ के लिए गरदन और गरदन के लिए बदन बनाने में गुज़रने लगे और रातें उस बदन के बारे में ख़्वाब देखने में कटने लगीं। धीरे-धीरे पिछले तमाम ख़्वाब छूट गए। अपने जीवन में वह पहली बार ठाकुर शिवनारायण सिंह के साथ अकेले रह गए। न कोई सोबर्स था, न लेवर; न जैकलीन कैनेडी थी, और न जीना लूलू ब्रिजिडा। दूर-दूर सन्नाटा हो गया था और इस सन्नाटे में केवल शहला के आने की चाप थी।

पहले तो यह हुआ करता था कि जब कोई जैकलीन उसकी नसों के तारों को इतना खींच देती कि उनके टूट जाने का डर पैदा हो जाता तो वह अपनी पत्नी को हाथ बढ़ाकर छू देता और वह उसके पलंग पर आकर लेट जाती और वह धीरे-धीरे उसके बदन पर हाथ फेरने लगता।

अपनी पत्नी का बदन उसे ज़बानी याद था। उसके हाथ उसके बदन पर यूँ चलते, जैसे उसके पाँव कचहरी के रास्तों पर चला करते थे। न हाथों को सोचना पड़ता था कि कहाँ रुकना है और न पैरों को सोचना पड़ता था कि कहाँ मुड़ना है। रास्ता अवश्य याद था, परन्तु मंज़िल तो कचहरी ही थी न!

पर अब वह जाने-पहचाने रास्तों से ऊब सा गया था। पत्नी उसके हाथ की राह देखते-देखते सो जाती और वह जागता रहता। अकेला।

परन्तु जो ख़्वाब वह देख रहा था, वह उसकी छोटी-छोटी वीरान आँखों से बहुत बड़ा था, इसलिए वह सदा अधूरा ख़्वाब ही देख पाता।

अपने इस ख़्वाब को पूरा करने का कोई रास्ता नहीं था। वकालत अपनी जगह है। प्यार अपनी जगह, और धर्म अपनी जगह।

वह मुसलमानों से नफ़रत करता था। उसे अपनी इस नफ़रत का कारण नहीं मालूम था। जैसे पुरानी दीवारों में सीलन आ जाती है और पता नहीं चलता कि किधर से आई, उसी तरह उनके नए दिल में नफ़रत उतर आई थी।

शिवनारायण कोई दीनदयाल नहीं था कि उसका बचपन किसी वज़ीर हसन के साथ गुज़रा हो। वह तो उस पीढ़ी का था, जिसे परम्पराओं का आँगन नहीं मिला खेलने के लिए।

यह पीढ़ी जो मुस्लिम लीग की जवानी में पैदा हुई, बड़ी बेचारी है। नफ़रत, शक और ख़ौफ़ की ज़मीन पर इसका अँखुवा फूटा है। माज़ी अतीत से इसका नाता कट गया है। नाम वहशत अंसारी हो या शिवनारायण, दोनों ही के लिए इतिहास महमूद ग़ज़नवी पर रुक जाता है। इन दोनों ने कुँजड़ों की गालियाँ साथ-साथ नहीं खाई हैं। परछाइयों के जंगल में पैदा होनेवाली यह पीढ़ी केवल नफ़रत कर सकती है। समुद्र मथा अवश्य गया; परन्तु न विष हाथ आया न अमृत। कहानियाँ सरहद पार करते में मारी गईं। बचपन अकेला रह गया।

यह समझ में नहीं आता कि मैं किससे नफ़रत करूँ। हमारे दिमाग़ आदादे-शुमार—आँकड़ों से भरे हुए हैं। जले हुए बाज़ारों, घरों-स्कूलों और हस्पतालों के मैले काग़ज़ पर लाशों के अक्षरों से ज़ो इतिहास लिखा गया, उसमें प्यार की महक कहाँ से आएगी।

प्यार, अब सिर्फ़ किताबों में मिलता—'मैं कहता आँखों की देखी, तू कहता कागद की लेखी...!'

वहशत ने अपनी थकी हुई आँखें उठाईं। उन आँखों में नींद नहीं थी। धुआँ था। उसने उन अलमारियों की तरफ़ देखा जिनमें क़ानून की किताबें जिल्दों की रज़ाइयों में दुबकी बैठी उसकी तरफ़ टकटकी बाँधे देख रही थीं। वह इन किताबों से डरता नहीं था। उसने उनकी आँखों में आँखें डाल दीं। फिर अपनी थकी हुई आँखों को उँगलियों से दबाकर उसने एक थकी हुई लंबी साँस ली। वह फिर लिखने लगा :

'हम उन कहानियों से नहीं भाग सकते, जो हमारे बचपन को सुनाई जाती हैं। लगता है कि वक़्त के शहज़ादे ने इतिहास के बूढ़े फ़क़ीर की बात अनसुनी करके पीछे मुड़के देख लिया है। और अब वह पत्थर का हो गया है। न आगे जा सकता है, और न वापस लौट सकता है।

'हमने अनार परियों और गुलबकावली की कहानियाँ सुनी हैं, हमने तो दिल्ली और लाहौर और जालंधर और कलकत्ता और नोआखाली और ढाका और रावलपिंडी और छपरा की कहानियाँ सुनी हैं। एक गील ने सरेराह दो मुसलमान लड़कियों के साथ ज़िना किया! यह पता नहीं कि वे लड़कियाँ बीच में कब मर गईं!...नंगी मुसलमान औरतों का जुलूस निकाला गया और उनकी शर्मगाहों में तेज़ाब डाला गया।...औरतों की छातियाँ काटकर उनके साथ ज़िना किया गया!... बच्चे नेज़ों पर उछाले गए...

'कहानियाँ ये हैं। फ़र्क़ सिर्फ़ इतना है कि हिन्दू घरों में यह ज़िना करनेवाले, और छातियाँ काटनेवाले, और बच्चों को नेज़ो पर उछालनेवाले और शर्मगाहों में तेजाब डालनेवाले मुसलमान हैं। तो कोई मुझे बताए कि इन कहानियों में पलकर जवान होनेवाला कोई

वक़ारुल्लाह, वहशत अंसारी या शिवनारायण सिंह क्या करे—नफ़रत और शक के सिवा क्या करे?

लेकिन मैंने यहाँ अपना और शिवनारायण का नाम क्यों लिखा? हज़ार-हज़ार हिन्दू और मुसलमान नामों में से यही दो नाम क्यों याद आए इस वक़्त? क्या इसलिए कि हम दो रास्ते हैं, जो शहला पर मिल जाते हैं?

शहला!

प्रेम न बारी ऊपजै, प्रेम न हाट बिकाय।
राजा परजा, जेहि रुचै, सीस देय ले जाय।

'लगता है कि कबीर को रीडिस्कवर करने का ज़माना आ गया है। समझ में नहीं आता कि हम उर्दूवालों ने इन भक्तिकाल के शायरों को इस क़ाबिल क्यों न जाना कि इनके दीवान, ग़ालिब के दीवान के साथ रखे जाते। यह कबीर तो हर वरक़ पर ग़ालिब से बड़ा शायर है।

'समझ में नहीं आता कि क्या करूँ। झूठ बोलने को जी नहीं चाहता और सच बोलने में डर लगता है। क्योंकि सच है कि शहला मेरा ख़्वाब है और मेरी आँख खुल गई है और कोई मुझे यह नहीं बताता कि खुली आँखों से ख़्वाब देखने का क्या दस्तूर है!'

चन्द्र बिन्दु

शहला कँवर वज़ीर हसन के कमरे में चुपचाप खड़ी उस धब्बे को देख रही थी, जो जिन्ना साहब की तसवीर के हट जाने से पड़ गया था।

तसवीर के हटने के बाद एक बार दीवार पर कलई हो चुकी थी। फिर भी धब्बा साफ़ दिखाई दे रहा था। कब मिटेगा यह धब्बा? कब एक होगा दीवार का रंग?

उसने बड़ी बेबसी से कमरे की चीज़ों की तरफ़ देखा। किताबें, कुर्सियाँ, दीवारों पर लगे हुए तुग़रे, कोने में रखा हुआ पेचवान, जिसकी चिलम में अब भी उस आग की राख भरी हुई थी, जिसे कँवर वज़ीर हसन की उँगलियों ने आख़िरी बार छुआ था।

शहला अपने दादा की कुरसी पर बैठ गई। फिर उसने कनखियों से कमरे की एक-एक चीज़ को देखा। तमाम चीज़ें टुकुरा-टुकुराकर उसकी तरफ़ देख रही थीं। चारों ओर बला का सन्नाटा था। उसने दादा का क़लम उठा लिया। दावात की रोशनाई सूख चुकी थी। दावात की सतह में काली और लाल रोशनाई की तहें जमी हुई थीं। उसे लगा, जैसे समय के दरिया में रेत पड़ गई हो। वह उस रेत पर उतर

गई। बालू से घर नहीं बनते, परन्तु बालू से घरौंदे अवश्य बनते हैं।

उसने सूखे हुए क़लम को सूखी हुई दावात में भिगोया और सामने फैले ब्लॉटिंग पैड पर लिखने लगी :

गुलशन में कहीं बूए-दम साज़ नहीं आती
अल्लाह रे सन्नाटा आवाज़ नहीं आती

काग़ज़ फिर भी सादा रहा, परन्तु वह शेर लिख चुकी थी। उसने क़लम को शीशे के क़लमदान पर रख दिया। फिर वह उस शेर को बड़े गौर से पढ़ने लगी, जो लिखा ही नहीं गया था। और फिर वह उस ब्लॉटिंग पैड पर सिर रखकर रोने लगी। और उसे ऐसा लगा, जैसे पैड पर हाथ उग आए हैं और वे उसके बालों को सहला रहे हैं और उन अनदेखी उँगलियों में बिलकुल दादा की उँगलियों का परस है। उसके आँसू और उमड़ आए और ब्लॉटिंग पैड पर लिखा हुआ वह अनलिखा शेर भीग गया। रोशनाई फैली तो सन्नाटा भी फैला और वह अपनी आत्मा के घने जंगल में बिलकुल अकेली हो गई। बिलकुल अकेली...अकेली!

अकेलापन। शायद यही शब्द इस युग की सचाई है।

वरहे, जिसतराँ कीले खिंडे
कुछ बुज्झे, कुछ बुज्झणों रह गए
हत्थ समें दा साँभण लग्गा
पोट्याँ उत्ते छाले पै गए।

इश्क़ तेरे दे हत्थों छुट्टी
जिंद काहड़नी टूट गई है

तवारीख़ अज चौंके विच्चों
भूक्खी भाणी उट्ठ गई है।

क्या इतिहास वास्तव में जीवन के चौके से भूखा उठ जाएगा? शहला इस प्रश्न से डर गई। उस पंजाबन को मेरे दिल की बात किसने बताई? उसने यह प्रश्न कमरे की एक-एक चीज़ से किया। हर चीज़ चुप्पी साधे उसकी तरफ़ देखती रही। जैसे किसी में इस प्रश्न का उत्तर देने की हिम्मत न हो।

रात जिवें पित्तल दी कौली।
चिट्टे चंत दी कली लहि गई।
अज कलपना कसर गई है।
सपना जीवण कैंसा जाए।
नीदर जिवें कुड़ांहद गई है।

इस कड़वी नींद का अंजाम क्या होगा? इन्तज़ार की हद कहाँ ख़त्म होती है? यदि रात पलकों की सीढ़ी से दिल में उतर आए तो कोई कब तक जाग सकता है? परन्तु तकिए बिना कोई सोए भी कैसे? तो वे बाँहें कहाँ हैं? क्या बदनामी की सड़क बहुत चौड़ी है? और यह सड़क कौन पार करेगा? मैं कि वह? परन्तु यह 'वह' कौन है? मुझे उसका चेहरा साफ़ क्यों नहीं दिखाई देता?

जिंद मेरी ठरक दी
होंठ नीले पै गए
ते आत्मा दे पैर वल्लों
कंबणी चढ़ दी पई।

गलीयाँ दे चिक्कड़ लंग्घ के
जे अज तू आवें किते
मैं पैर तेरे धो दिआं
बुत्त तेरा सूरजी
कंबल दी कन्नी चुक्के के
मैं हड्डाँ दा ठार भन्न लाँ
इक कौली धूप्प दी।
मैं डीक ला के पी लवाँ
ते इक टोटा धुप्प दा।
मैं कुक्ख दे विच पा लवाँ...

उसने किताब घुमाकर दूर फेंक दी—किताब के गिरते ही हाज़रा के हँसने की आवाज़ आई, जैसे वह हँसी उसी किताब में बन्द रही हो, और गिरकर किताब के टूटते ही बाहर निकल आई हो। सारा कमरा हाज़रा की हँसी से खचाखच भर गया।

"तूहें लड़कीयन जैसा कपड़ा पहिनते शर्मो ना आ रही का?"

"दादी!" शहला सहम गई।

"हम ही हरी बीबी से दादी कब बन गए?" हाज़रा ने प्रश्न किया, "मुँह छिपाए से काम न चलिहे। आज पकड़ाने हौ त बताए को पड़िहे कि तूहें बेटे को माँ से अलग करे के वास्ते पाकिस्तान बनवाए की क्या ज़रूरत रही?"

बरसों के बाद हाज़रा ने अल्लाह मियाँ के सिवा किसी और से बातें की थीं, परन्तु अजीब बात थी कि उसे अल्लाह से बातें करता पाकर शहला को कभी डर नहीं लगा था, परन्तु वह जब अपने पति से बातें कर रही थी तो डर के मारे शहला को पसीना आ रहा था।

"तोरी चिलमियाँ बुझ गई है।" हाज़रा ने बुझी हुई चिलम की राख कुरेदते हुए कहा। फिर चिलम उठाकर वह निकल गई और शहला फिर अकेली रह गई अपने दादा की परछाइयों के साथ।

उसने फिर क़लम उठा लिया। सूखी हुई दावात में क़लम बोर के वह फिर लिखने लगी :

जला है जिस्म जहाँ, दिल भी जल गया होगा
कुरेदते हो जो अब राख, जुस्तजू क्या है।

उसने पेचवान की तरफ़ देखा जो चिलम बिना अजीब लग रहा था, बग़ैर सिर वाला एक धड़, वह धीरे-धीरे गुनगुनाने लगी। 'कुरेदते हो जो अब राख, जुस्तजू क्या है?'...वहशत अंसारी, ज़रा मुझे यह बताओ कि यह ग़ालिब वाक़ई तुर्क थे या मेरी तरह नौ-मुस्लिम थे? देख क्या रहे हो मेरी तरफ़? मेरा दिल कोई पुरानी मिसिल नहीं था, जिसे देखने की तुमने ज़हमत ही नहीं उठाई। तुम्हीं ने तो कहा था कि जाओ किसी हिन्दू वकील के पास मगर जो मिसिल मैं तुम्हारे पास लाई थी, उसमें मेरा दिल भी नत्थी था। और वह फ़ाइल अब शिवनारायण सिंह के पास है। मैं उनसे कैसे कहूँ कि वकील साहब दिल के काग़ज़ात लौटा दीजिए। वह केस मैं किसी और से करवाऊँगी...तुम तो बड़े बुरे वकील निकले जी। तुमने यह भी न सोचा कि तुम शहर के सबसे बड़े वकील नहीं हो। मैं आब्दी साहब के पास जा सकती थी। मैं शब्बर साहब के पास जा सकती थी। मैं ग़ुलाम मोहिउद्दीन साहब के पास जा सकती थी। इन्हें छोड़कर क्या मैं तुम्हारे पास इसलिए आई थी कि तुम मुझे किसी हिन्दू वकील के पास भेज दो? और जो तुम्हें इस सवाल का जवाब न मालूम हो कि बताओ तो ग़ालिब थे क्या? तुर्क या नौ-मुस्लिम? जो तुर्क थे तो

इस शेर का क्या मतलब है? कहाँ जला उनका जिस्म? कैसी राख? और कौन कुरेद रहा है उसे? सलजूक़ी तुर्क होने से कुछ नहीं होता वहशत अंसारी। क्योंकि शायरी झूठ नहीं बोलती और शायरी यह कह रही है कि 'जला है जिस्म जहाँ...'

"बेहाल शाह आए हैं।" नसीबन नौकरानी ने झाँककर कहा।

यह आवाज़ सुनते ही उसने दिल के किवाड़ धड़ से बन्द कर दिए। उसे यह नहीं मालूम था कि आज के बाद उसे यह किवाड़ खोलने का मौक़ा ही नहीं मिलेगा। जो उसे यह मालूम होता तो वह किवाड़ों को इतना न जमकाती। ज़रा सा खुला रहने देती कि जब ज़रा फ़ुरसत मिलेगी, झाँक लूँगी।

"भेज दो।'

नसीबन को अपने सुने पर यक़ीन न आया। वह जहाँ खड़ी थी, वहीं खड़ी रह गई।

"खड़ी क्या हो, भेज दो।"

"हिआँ भेज दें?"

"हाँ।"

"हाँ!" यह एक शब्द का जवाब इतना भरपूर था कि नसीबन कुछ और पूछने की हिम्मत ही न कर सकी। वह चुपचाप बाहर चली गई और शहला ने देखा कि कँवर वज़ीर हसन की मेज़ पर धूल की तह जमी हुई है। उसने मेज़ पर से अपने हाथ हटा लिए। फिर दोपट्टा ठीक करके वह बेहाल शाह का इन्तज़ार करने लगी।

बेहाल शाह को यह ख़याल भी नहीं था कि शहला यूँ मिलेगी।

"अल्लाह बस। बाक़ी हवस।" उन्होंने कमरे में पाँव रखते ही नारा लगाया। और तक मलगुजी रोशनी में उन्हें कँवर साहब की कुरसी पर एक परछाईं नज़र आई। वह ठिठक गए। तमाम खिड़कियाँ

बन्द थीं। पर्दे पड़े हुए थे, उनका दिल उछलकर हलक में आ गया। गला सूख गया।

"अस्सलामालेकुम शाह साहब!" परछाईं ने कहा।

शाह साहब इस आवाज़ को पहचानते थे।

तो यह शहला है। वह घबरा गए।

"नसिबुनी बतय्यबे न किहिस कि हिआँ परदा है। नहीं त भला हम अय्यसे धड़धड़ाते कैसे चले आते!" वह जाने के लिए मुड़े।

"आप जा कहाँ रहे हैं। तशरीफ़ रखिए।"

"का!" शाह साहब हक्का-बक्का रह गए।

आँख अँधेरे से मानूस हो चली थीं। परछाईं बदन बन चुकी थी। उन्हें शहला की आँखों का रंग दिखाई न दिया, परन्तु उसकी सिजिल बनावट अवश्य दिखाई दी। दो भरे-भरे होंठ, गरदन बारह अँगुल से कम नहीं हो सकती। शाह साहब ने सोचा। पल-भर के लिए वह भूल गए कि वह यहाँ क्यों आए हैं। बस दिल-ही-दिल में शिवनारायण सिंह को माँ-बहन की गालियाँ देने लगे। खिड़कियाँ बन्द हैं। पर्दे पड़े हुए हैं। नसीबन अन्दर चली गई होगी। बस, यह पीछेवाला दरवाज़ा खुला है। तो इसे बन्द करने में कितनी देर लगेगी। कँवर वज़ीर हसन का मज़ार जाए अपनी माँ की चूत में...

"आप वहाँ क्यों खड़े हैं?" शहला की आवाज़ कोसों दूर से आई, "इधर आ जाइए...। इस कुरसी पर।"

वह चुपचाप सामनेवाली कुरसी पर बैठ गए। बारीक़ दोपट्टे के अन्दर से कुरते का खुला हुआ बटन झाँक रहा था।

"कैसे तकलीफ़ की?" शहला ने पूछा।

शाह साहब के सारे बदन पर चींटियाँ रेंग रही थीं। कुरते का खुला हुआ बटन बड़ी शरारत से मुस्कुरा रहा था। कमरे के अँधेरे

की गर्म-गर्म साँसें वह अपनी गरदन पर महसूस कर रहे थे। उनके सारे बदन पर उँगलियाँ-सी कुलबुलाने लगीं। अल्लाह बस : बाक़ी हवस।...बाक़ी हवस!..हवस!...

"ल्यो चिलम भर लिआए हम।"

शाह साहब उछल पड़े। उन्होंने पलट के देखा। हाज़रा पेचवान पर चिलम रख रही थी। उन्होंने हाज़रा को भी कभी नहीं देखा था। परंतु वह उसकी आवाज़ भी पहचानते थे।

हाज़रा ने पेचवान शहला के पास रख दिया। पेचवान रखकर जब उठी तब उसकी निगाह शहला पर पड़ी।

"तोरे दादा कहाँ गए?" हाज़रा ने पूछा।

"चले गए।" शहला ने कहा।

"अरे ऊ कब तक मुँह छिपाय्यहें हमसे?" यह कहते-कहते वह मुड़ी तो उसकी निगाह बेहाल शाह पर पड़ी। वह उन्हें कुछ देर तक देखती रही।

"का तूँ पाकिस्तान हौ?" उसने सवाल किया। फिर उसके चेहरे पर एक भयानक डर की परछाईं पड़ी। वह चील की तरह झपटी। और शहला का हाथ पकड़कर भागने लगी :

"अरे बेटा, भाग। ई दिमाग़ढहा पाकिस्तान कहाँ से आ गवा। ई तो तोहू को पकड़ ले जय्यहे...."

वह शहला को लेकर चली गई। शाह साहब उस अँधेरे कमरे में अकेले रह गए। अन्दर से हाज़रा की आवाज़ चली आ रही थी :

"अरे नसिबनी! कहाँ मर गई है तैं। अरे ई लकड़ाए का बक़्त ना है। अरे हुआँ बाक़र के अब्बा के कमरे में पाकिस्तान घुस आवा है रे। ओको निकालके फ़टकवा बन्द कर दे..."

शाह साहब उठ गए। उन्हें नहीं मालूम कि हाज़रा की बात

कहाँ ख़त्म हुई। वह सड़क पर आए और धूप देखकर उनकी जान में जान आई और तब उन्हें ख़याल आया कि वह कैसी बेवक़ूफ़ी करने से बच गए। शहला बड़ी जवान और बड़ी रसीली है; परन्तु एक मज़ार नहीं है। और जो शहला हाथ आ भी गई होती तो मज़ार हाथ से निकल गया होता। मज़ार के ख़याल ही से उन्हें नशा आ गया। आख़िर में तो हर औरत एक-सी हो जाती है। झाड़-फूँक से अब तक काम चला है तो आगे भी चलेगा। परन्तु यह मज़ार निकल गया हाथ से तो फिर कोई मज़ार हाथ नहीं आएगा!

"अल्लाह बस। बाक़ी हवस।" सड़क उनकी ग़रज़दार आवाज़ से चौंक पड़ी। सामने ऊँघते हुए एक कुत्ते ने सिर उठाकर उनकी तरफ़ देखा, और फिर अपने पाँव से अपनी गरदन खुजलाने लगा।

शाह साहब आगे बढ़ गए। कुत्ता पीछे रह गया। वह असल में शहला के पास इसलिए गए थे कि उससे कहें कि मज़ार बनने में देर होने के कारण उसके दादा की आत्मा व्याकुल है। वह तो एक ख़्वाब भी ज़बानी याद कर गए थे कि कँवर साहब एक खँडहर में हैं। जब शाह साहब ने पूछा कि आप इस खँडहर में क्यों हैं तो उन्होंने जवाब दिया कि तुम लोग मेरा घर बनवाते नहीं तो कहाँ रहूँ...बस, यह सुनकर शाह साहब की आँख खुल गई। उन्हें ऐसा लगा, जैसे कोई कमरे से बाहर जा रहा है। उन्होंने दरवाज़े की तरफ़ देखा। कोई नहीं था। परन्तु कुंडी हिल रही थी और कहीं दूर से सुबह की अज़ान की आवाज़ आ रही थीं परन्तु सारा ख़्वाब धरा रह गया। पहले तो कमरे के अँधेरे ने घपला किया और फिर हाज़रा ने आफ़त कर दी। अभी तो शाह साहब को शहला का पूरा नाक-नक़्श भी अच्छी तरह ज़बानी याद नहीं हुआ था।

"सलामआलेकुम शाह साहब," यह आवाज़ बुख़ारी साहब की

थी। बुख़ारी साहब एक ही वक़्त में कई साहब थे। एक तो वह एम.ए., बी.टी. थे। फिर वह मुस्लिम ऐंग्लो हिन्दुस्तानी हायर सेकेंड्री स्कूल के प्रिंसिपल थे; क्योंकि वह हयातुल्लाह अंसारी के मँझले दामाद थे। इसके अलावा वह पी.एस.पी. के मुक़ामी लीडर भी थे और आनेवाले चुनाव में पार्टी-टिकट पर चुनाव भी लड़नेवाले थे। इसीलिए वह पब्लिक रिलेशन पर इन दिनों बहुत ज़ोर देने लगे थे। उनका ख़याल था कि हिन्दू वोट आपस में लड़-भिड़कर बँट जाएँगे, इसलिए वह तीस प्रतिशत मुसलमान वोट पाकर जीत सकते हैं। उन्होंने फ़ैसला कर रखा था कि चुनाव जीत जाने के बाद ही वह कांग्रेस में चले जाएँगे और हो सकता है कि लगे हाथों वह डिप्टी मिनिस्टर भी हो जाएँ। पक्के मिनिस्टर होने के बारे में उन्होंने अभी सोचना नहीं शुरू किया था क्योंकि अली जहीर और मुज़फ़्फ़र साहब जमे बैठे हुए हैं। हाँ, यदि कमलापति त्रिपाठी और सी.बी. गुप्ता में ठन गई तब चांस हो सकता है। और यही सब सोचते हुए वह वहशत के घर जा रहे थे कि शहरनाज़ को शहला के पास भेजें, क्योंकि यह तै था कि मुसलमान वोट शहला की मुट्ठी में थे। शहरनाज़ से मिलने के बहाने वह यों भी निकला करते। बुतूल से तो उन्होंने प्रिंसिपल बनने के लिए शादी की थी। ख़ुदा का शुक्र था कि वह कैंसर में मरनेवाली थी। यदि उसकी मौत तक शहरनाज़ की शादी न हो तो वह भी कैंडिडेट हो सकते थे। उन्हें अपना चांस भी काफ़ी दिखाई देता। उनके घर में आते ही शहरनाज़ चहकने लगती थी। वह मज़ाक़-मज़ाक़ में सबके सामने उसका हाथ-वाथ भी पकड़ लिया करते थे। (हाथ तक तो ठीक है। परन्तु वाथ उन्होंने कभी नहीं पकड़ा था। अपना जी ख़ुश करने के लिए सोच लिया करते थे।) हाथ पकड़कर वह उसकी आँखों में झाँक भी लिया करते थे। एक

रोज़ तो मज़ाक़-मज़ाक़ में बुतूल के सामने वह यह तक कह गए थे कि क्या बताऊँ मेरी शादी के वक़्त तुम जवान नहीं थीं, वरना उसी दिन तुमसे भी निकाह कर लेता। बात मज़ाक़ में टल गई थी। परन्तु उसी दिन से बुतूल को चुप्पी लग गई थी और शहरनाज़ का ज़िक्र सुनकर वह चिढ़ जाया करती थी। ख़ैर, कोई बात नहीं। थोड़े दिनों की तो बात है। 'चन्द ही रोज़ मेरी जान, फ़क़त चन्द ही रोज़। जुल्म की छाँव में दम लेने पे मजबूर हैं हम।' परन्तु उसे केवल अपने साले की तरफ़ से खटका था। यह अजीब बात है कि बुख़ारी कभी वहशत के बारे में सोचता तो उसे यह ख़याल न आता कि वह बड़ा अच्छा कवि या बड़ा ज़हीन वकील है। वह उसे केवल साला समझता था। शायद इसलिए कि साला रिश्ता भी है और गाली भी है। या शायद वह ऐसा इसलिए सोचता था कि वह उसकी दो बहनों का आशिक़ और एक बहन का पति था।

यह बात बिलकुल साफ़ थी कि उसे वहशत बिलकुल पसन्द नहीं था और शायद इसीलिए वह उसके घर जाने के लिए छाँट के ऐसा समय निकालता था कि वह घर में मौजूद ही न हो। उसकी मौजूदगी में वह शहरनाज़ को अपनी निगाहों से चाटने में हिचकिचाता था। और जो वह छाँटकर ऐसा वक़्त न निकालता तो बेहाल शाह से यों उसकी मुलाक़ात कभी न होती।

"यह खड़ी दोपहर में कहाँ जा रहे हैं साहब?"

बेहाल शाह सलाम ही से आवाज़ पहचान गए थे। और उन्हें न जाने क्यों यह ख़याल आ गया था कि आख़िर वह कितनी आवाज़ें पहचानते हैं!

"तनी शहला बिटिया के पास गए रहे ई पूछे कि अब मज़ार बने में कितनी देर है," शाह साहब ने कहा। वह तेज़ी से यह सोच

रहे थे कि क्या बुख़ारी को वह ख़्वाब सुना दिया जाए। यह बात शहर में सबको मालूम थी कि शहरनाज़ और शहला की दोस्ती है। हो सकता है कि बुख़ारी शहरनाज़ को बताएँ और शहरनाज़ शहला को। बेहाल शाह को तो यह भी मालूम था कि शहरनाज़ के बारे में बुख़ारी की नीयत क्या है? बात यह है कि हमीदुन नायन का भूत वह कोई सालभर से उतार रहे थे। वह हर जुमे की रात को आती थी। उसकी सास उसे शाह साहब के पास छोड़ जाया करती थी। और शाह साहब भूत उतारने लगते थे। शान्त हो जाने के बाद हमीदुन शाह साहब को अपनी जजमानी की छोटी-बड़ी बातें बताने लगती थी। इस तरह की बातें जानना उनके पेशे के लिए बहुत ज़रूरी था। वह आँखें बन्द करते और सामनेवाली औरत को कोई ऐसी बात बता देते कि वह चकरा जाती, और यदि उसका जी चाहता तो भूत भी उतरवा लेती!...

"अल्लाह बस। बाक़ी हवस।"

"अरे साहब, किसी दिन ज़रा इत्मीनान से आइए तो खुलके बातें करें।" बुख़ारी ने इतना कहकर रिक्शेवाले की पीठ में अँगूठा मारा।

"का बताएँ मास्टर साहब!रात ऐसा ख़्वाब देखा कि खोपड़ी घूम गई। हम देखा कि..." वह रुक गए क्योंकि रिक्शा चल चुका था। वह उस रिक्शे की तरफ़ देखते रह गए। रिक्शा 'काबुली कोठी' से आगे बढ़कर निगाहों से ओझल हो चुका था।

इस 'काबुली कोठी' का काबुल से कोई ताल्लुक़ नहीं था। उसमें ग़ाज़ीपुर की मिट्टी ख़र्च हुई थी। ग़ाज़ीपुरी मजदूरों के पसीने से गारा बना था। इसे ग़ाज़ीपुर के एक बहुत बड़े वकील मौलवी समी अल्लाह (या अब्दुस्सम) साहब ने बनवाया था। फिर भी इसका नाम 'काबुली कोठी' पड़ गया, क्योंकि एक ज़माने तक इसमें कुछ

अफ़गानी रहा करते थे, जो मेवों या रुपयों का कारोबार करते थे। घेरदार शलवारें, ढीले कुरते, कढ़ी हुई वास्कट, कुलाहदार साफ़ा—हिन्दी में रुपया दिया करते थे और पश्तो में गालियाँ। इस कोठी में कभी कोई ऐसा काबुली न रहा, जिस पर कोई कहानी लिखता। और सच पूछिए तो क्या पता कोई रहा हो। कहानी लिखनेवाला ही कौन जुड़ रहा था कि उसकी कहानी लिखी जाती। टैगोर हर शहर में तो जन्म लेते नहीं। लाखों-लाख कहानियाँ लेखक की तलाश में भटक रही हैं। लाखों-लाख कहानियाँ मर-खप भी चुकी हैं। कहानियाँ भी मनुष्य या पशु या पेड़-पौधों की तरह पैदा होती हैं, जीती और मर जाती हैं...तो जब रिक्शा आगे बढ़ गया और बेहाल शाह पीछे रह गए तो 'काबुली कोठी' फिर अकेली खड़ी रह गई और वह उस रिक्शे की तरफ़ देखती रही, जो सामनेवाली गली में जा रहा था।

परन्तु बुख़ारी के पास इस जटल खोटी के बारे में सोचने का समय नहीं था। वह तो यह सोच रहा था कि आज ग़लती से वह शहरनाज़ के बदन के किस हिस्से को हाथ लगाएगा, चुनाव में तो अभी देर है।

"सलामआलेकुम ख़लील," उसने ख़लील भिश्ती को सलाम किया, जो अपनी ड्योढ़ी में बैठा अपनी मश्क में चिप्पी लगा रहा था और वाटर वर्क्स को कोस रहा था।

"वालेकुमसलाम मियाँ," ख़लील ने कहा, परन्तु उसकी समझ में न आया कि इधर कुछ दिनों से मास्टर साहब सलाम क्यों करने लगे हैं।

परन्तु जब तक वह किसी नतीजे पर पहुँचता, रिक्शा नज़ीर गुड्डीवाले के घर के सामने से गुज़र रहा था। तो वह सिर झुकाकर फिर अपनी मश्क में चिप्पी लगाने लगा और वाटर वर्क्स को गालियाँ

देने लगा, जिसने उसे एक तरफ़ तो बेरोज़गार कर दिया था और दूसरी तरफ़ उससे वाटर टैक्स लेने लगा था। भिश्ती और वाटर टैक्स। कैसी अजीब बात है!

"सलामआलेकुम नज़ीर मियाँ।"

नज़ीर गुड्डीवाले ने काग़ज़ की हरी पट्टी में लाल काग़ज़ की गोट लगाते-लगाते रुककर बाहर की तरफ़ देखा परन्तु इस आवाज़ को पहचानने के लिए ऊपर देखना बिलकुल ज़रूरी नहीं था। इस आवाज़ को वह पहचानने लगे थे। अभी कोई तीन-चार महीने की बात है कि बुख़ारी साहब सलाम का जवाब तक नहीं दिया करते थे। स्कूल में जो धाँधलियाँ हो रही थीं, वे किसी से छिपी हुई नहीं थीं। स्कूल खोला इसलिए गया था कि ग़रीब मुसलमान बच्चे पढ़ाए जाएँगे। परन्तु ग़रीब माता-पिता तो प्रिंसिपल के दफ़्तर के पास नहीं फटक सकते थे। पहले एल.टी.-बी.टी. मास्टर नहीं हुआ करते थे, कम पढ़े-लिखे मास्टर हुआ करते थे। परन्तु जी लगाकर पढ़ाया करते थे और गर्मी की छुट्टियों में चन्दा जमा करने निकल जाया करते थे। परन्तु अब सरकार से सालाना मदद मिलने लगी है। बहुत पढ़े-लिखे मास्टर जमा हो गए हैं। इसलिए पढ़ाई चौपट हो गई। नजीर गुड्डीवाला भला कैसे भूल सकता था कि किस तरह उसके बेटे के नंबर काटकर कोतवाल साहब के बेटे को 'एक लंबर' में पास कर दिया गया था। नइमवा बेचारा हिटिक-हिटिक के रोता रहा दिनभर...

"वालेकुमसलाम मास्टर," नज़ीर ने कहा।

"क्या हाल है भई! कारोबार कैसा चल रहा है?"

"कारोबार को का पूछ रहें आप! अरे खाए को त पैसा जुड़ ना रहा तो कोई लड़कन को गुड्डी उड़ाए के वास्ते कहाँ से पैसा दे सकते भला! बाक़ी हम ई देख रहे हैं कि आप एहर सलाम-ओलाम

ढेर करे लगे हैं। एलक्शन-ओलक्शन लड़े का एरादा हो रहा का?"

बुख़ारी साहब मुस्कुरा दिए।

"अरे नहीं साहब, एलक्शन-वेलक्शन के चक्कर में मैं नहीं पड़ता। बच्चों को पढ़ाना वज़ीर बनने से ज़्यादा बड़ा काम है। तो मैं एक बड़ा काम छोड़ के, छोटा काम क्यों करूँ? और देखिए नज़ीर मियाँ, इंजाम आजकल पढ़ने में बिलकुल जी नहीं लगा रहा है।"

रिक्शा आगे बढ़ गया। नज़ीर गुड्डी की कमान को माँ-बहन की गाली देने लगा जो खुल गई थी। बुख़ारी शाह ने ये गालियाँ नहीं सुनीं। और जो वह सुन लेते तब भी उन्हें यह ख़याल न आता कि वह गालियाँ उन्हें दी जा रही हैं। वह तो शहरनाज़ की जवानी और बुतूल की मौत के बारे में सोच रहे थे।

"आदाब माट् साहब," शहज़ादी तवायफ़ ने उन्हें झुककर आदाब किया। बुख़ारी साहब घबराकर इधर-उधर देखने लगे। इलेक्शन के दिनों में आदमी को ज़रा चौकन्ना रहना पड़ता है।

"आपने तो हमें बिलकुल ही भुला दिया।" शहज़ादी ने शिकायत की। बुख़ारी साहब ने खीसें निकाल दीं।

"आजकल स्कूल का काम ज़रा बढ़ गया है।" उन्होंने यह कहकर रिक्शेवाले को टहोबा दिया, "अफ़ीम खाई है क्या!"

रिक्शेवाला शहज़ादी के बदन का लुत्फ़ ले रहा था। चौंक पड़ा। तेज़-तेज़ पैडिल मारने लगा।

"इ बड़ी हरामी है भैया!" शहज़ादी के बारे में राय दी।

बुख़ारी साहब कुछ न बोले। वह जानते थे कि यह रिक्शेवाला भी वोटर है! वह सलाम करते-करते यूँ भी थक गए थे। और अभी शहरनाज़ के साथ थकना बाक़ी था। वह मुस्कुरा दिए।...

हशमत नौकरानी ने दरवाज़ा खोला। ड्योढ़ी में अँधेरा था और

ख़ुनकी थी। उन्होंने हशमत की तरफ़ देखा। बाप रे बाप। लड़की है या चाट की दुकान।

"आदाब मियाँ भाई!" हशमत ने इठलाकर कहा। अब बुख़ारी साहब उसकी बात कैसे टालते। उन्होंने उसे आकर दाब लिया।

"अरे कोई देख लेगा।" हशमत की बड़ी लज़ीज़ आवाज़ आई और वह तड़पकर आँगन की धूप में उतर गई। बुख़ारी साहब ने शेरवानी पहन रखी थी। फिर भी आँगन में उतरने से वह हिचकिचा गए। उन्होंने ड्योढ़ी का दरवाज़ा बन्द करने में काफ़ी देर लगाई। फिर शेरवानी का दामन बराबर करते हुए वह आँगन में आ गए।

हशमत सदर दालान के बिचले दर में खड़ी बड़ी शरारत से मुस्कुरा रही थी। दालान में पर्दे पड़े हुए थे।

"अम्माँ कहाँ है?"

"दुल्हन बेगम सो रही हैं अपने कमरे में, छोटी बाजी जाग रही हैं अपने कमरे में। और मैं यहाँ खड़ी आपका इन्तज़ार कर रही हूँ।" आख़िरी बात हशमत ने बहुत धीरे से कही क्योंकि बुख़ारी साहब पास आ चुके थे।

हशमत चार दर्जे पढ़ी हुई थी, इसलिए वह दुल्हन बेगम की गँवारू भाषा नहीं बोलती थी। वह पढ़े-लिखों की भाषा बोलती थी। छोटी बाजी और भाई साहब की भाषा बोलती थी और गई रात को चुपके से भाई साहब का ख़्वाब भी देख लिया करती थी। अनारकली फ़िल्म उसने बारह बार देखी थी। अनारकली के लिए उसका दिल फ़िल्म के उतर जाने के बाद भी महीनों तक दुखता रहा था।

वह वक़्त निकालकर छोटी बाजी के नाम आनेवाली पत्रिकाएँ भी पढ़ा करती थी। अदबे-लतीफ, शाहराह सवेरा...उसे कृष्णचन्दर, बेदी, मंटो, क़ासिमी, इस्मत चुग़ताई, मुमताज मुफ़्ती (उसकी समझ

में यह नहीं आता था कि मुमताज मुफ़्ती क्यों है, नकद क्यों नहीं है—या उधारी क्यों नहीं है?), क़ुर्रतुल ऐन हैदर, इस्मत चुग़ताई की कहानियाँ वह दुल्हन बेगम को पढ़-पढ़ के सुनाया करती। मंटो और इस्मत की कहानियाँ वह दुल्हन बेगम को नहीं सुनाया करती। 'काली शलवार' सुनाते समय उसके ख़ून की रफ़्तार तेज़ हो गई थी और दुल्हन बेगम ने ज़मीन-आसमान एक कर दिया था कि ऐसी गंदी कहानियाँ घर में आती कैसे हैं। फिर छोटी बाजी ने भी उसे बहुत डाँटा था कि वह उनकी किताबों को हाथ न लगाया करे, तो वह मंटो और इस्मत की कहानियाँ छुप-छुपकर पढ़ा करती थी...।

बुख़ारी साहब मुस्कुराए। उनकी मुस्कुराहट हशमत के सारे बदन पर गर्म-गर्म लेप की तरह चढ़ गई और उसे लगा, जैसे वह हशमत नहीं है बल्कि मंटो की कोई हीरोइन है।

"तुम्हें बुतूल बहुत याद करती है। कभी-कभार आ जाया करो।"

"देखिए मियाँ भाई, मुझे आपसे बहुत डर लगता है—हाँ।" वह इठलाई।

"जिस दिन कहो उस दिन डर निकाल दूँ।"

"कहाँ छिपा के रखा है आपने?"

"क्या?"

"मेरा डर!"

वह हँसती हुई दुल्हन बेगम के कमरे की तरफ़ चली गई और बुख़ारी शहरनाज़ के कमरे की तरफ़ मुड़ गए।

शहरनाज़ लेटी हुई कुछ पढ़ रही थी। उसने बुख़ारी की आहट नहीं सुनी। बुख़ारी चौखट पर रुक गए।

छत-गीर पंखा चल रहा था। दरवाज़े की तरफ़ शहरनाज़ के पाँव थे। उसने गरारा पहन रखा था और पाँव पर पाँव रखे पढ़ रही थी।

"मियाँ भाई आए हैं छोटी बाजी!"

हशमत की आवाज़ ने चौखट पर खड़े बुख़ारी को चौंका दिया। अन्दर शहरनाज़ भी चौंक पड़ी। उसने सिरहाने रखा हुआ दोपट्टा उठाकर ओढ़ लिया। बुख़ारी साहब कमरे में आ गए।

"क्या पढ़ रही हो?"

"क्या बताऊँ?" शहरनाज़ ने कहा।

"शरबत पिएँगे मियाँ भाई?" हशमत ने पूछा।

"काहे का शरबत पिलाओगी?" शहरनाज़ ने सवाल किया।

"गर्मी से आ रहे हैं।" हशमत ने कहा, "पन्ना बना लाती हूँ।"

हशमत चली गई। बुख़ारी साहब शहरनाज़ के पलंग पर बैठ गए।

"बड़ी सख़्त गर्मी है," उन्होंने शेरवानी के बटन खोलते हुए कहा।

"मई में भी गर्मी नहीं पड़ेगी तो कब पड़ेगी?"

जवाब में बुख़ारी साहब पाँव लटकाए-लटकाए लेट गए। फिर उन्होंने शहरनाज़ के तकिए के लिए हाथ बढ़ाया। उनका हाथ शहरनाज़ की टाँग को छूता हुआ तकिए पर पड़ा। फिर वह तकिए को पकड़ने के लिए मुड़े। उनका हाथ शहरनाज़ की टाँग से लगा रहा।

"तोड़िएगा नहीं मेरे तकिए को।" शहरनाज़ ने एक हाथ से तकिया और दूसरे हाथ से बुख़ारी साहब का हाथ उठाते हुए कहा।

बुख़ारी साहब ने मुस्कुराकर अपना हाथ वापस ले लिया। फिर कुहनियों के बल लेटते हुए बोले, "भई, आज मैं एक काम से आया हूँ।"

"इस खड़ी दोपहर में क्या काम निकल आया?"

"भैया, मैं भाईजान से बहुत घबराता हूँ।" उन्होंने तकिए को मोड़ते हुए कहा।

"हाँ तो इसमें मेरे तकिए का क्या क़सूर है?"

बुख़ारी साहब ने तकिए को सीधा कर लिया।

"और आज जिस काम से आया हूँ, वह तो उनके सामने कह ही नहीं सकता।"

"क्यों हमें पिक्चर-विक्चर दिखलाने का प्रोग्राम बना रहे हैं क्या?"

"पिक्चर में क्या रखा है। जब चाहो तब देख लो।"

"बाजी कैसी हैं?"

"मुझसे अब उनकी तकलीफ़ देखी नहीं जाती। मरज़ ऐसा है कि जीने की दुआ दो तो बददुआ नज़र आए। मेरा घर तो उजड़ गया शहरू! उनकी ज़िन्दगी मौत की अमानत है। हर वक़्त यह डर लगा रहता है कि मौत अपनी चीज़ लेने कभी भी आ सकती है।"

"मैं तो दुआ करती हूँ मियाँ भाई, कि बाजी इस मुसीबत से छूट ही जाएँ तो अच्छा हो।"

"तुम यह बात कह सकती हो, क्योंकि तुम सगी बहन हो। कोई तुम्हारी इस बात पर हाशिया नहीं चढ़ाएगा। मैं तो यह बात मुँह से निकालूँ तो तुम्हीं दौड़ा लोगी कि तुम्हारी बहन की मौत की दुआएँ माँग रहा हूँ।"

"काहे की दुआ माँग रह्यो दुल्हा मियाँ!" दुल्हन बेगम आ गई। बुख़ारी साहब घबराकर बैठ गए।

"आदाब।"

"जीओ। मँझली का जी कय्यसा है आज?"

"वैसा ही है। कुछ समझ में नहीं आता।"

"मैं कल बुलाए रहियुँ बेहाल शाह को।" दुल्हन बेगम बुख़ारी के पास बैठ गई, "ऊ त कह रहें कि केहु जादू करवा रहा। बाक़ी हमारी समझ में ई ना आता कि कोई हमरी बेज़बान बच्ची पर काहे को जादू करवा रहा। ऊ केहुका का बिगाड़स है आख़िर। कल्ह हम

आसी साहब"[1] किहाँ जाके एक-दो चद्दरो मान आए हैं।"

"आप लोगों की जिहालत आख़िर कब ख़त्म होगी अम्माँ! मेडिकल साइंस कहाँ से कहाँ गई और आप चादर मानती फिर रही हैं।"

"तूँ जेको कह रहियु ऊ मूई चाहे जहाँ से जहाँ चली गई हो। ओके आए-जाए से हम्में का। हम काहें न मानें चद्दर! मैं त ज़रूर मनिहों। तनी तूहूँ देख ल्यों अपनी दुलारी साली की ज़बान दुल्हा मियाँ।"

"बच्ची है अम्माँ!"

"अय्यसी बच्चियो ना हैं। अल्ला रक्खे विवाह हो गया होता त तीन बच्चन की माँ भई होतीं अभईं तक।"

बुख़ारी साहब ने सोचा कि अब जो बात न बदली गई तो बढ़ जाएगी, तो वह बोले :

"हम तो आपको यह बताने आए थे कि अब के हम खड़े हो रहे हैं।"

"आराम से बय्यठे रहो बेटा। गर्मी में खड़े होने की का ज़रूरत है।"

"मैं इलेक्शन की बात कर रहा हूँ।" वह शहरू की तरफ़ मुड़े, "शहरू, जो तुम अपनी सहेली शहला को मेरी मदद करने पर राज़ी कर लो तो मैं लड़ जाऊँ इस साल।"

"मैं तो महीनों से नहीं गई हूँ उसके पास। उसका दिमाग़ चल गया। भाई साहब की कंसल्टेशन फी दे गई। मैं अब उसका मुँह नहीं देखूँगी।"

"ए भाई, वकील को फ़ीस दे गई ऊ बेचारी त कउन क़यामत आ गई।"

---

1. उर्दू के प्रसिद्ध लोगों ने उन्हें पीर मान लिया। और अब हर साल ग़ाज़ीपुर में उनका उर्स होता है।

"आप नहीं समझती अम्माँ!"

"हाँ अउर का। अम्माँ त बौड़ही दिवानी है और तूही त एक ठो बोक़रात पैदा भई हौ इ ख़ानदान में। बहनोई बेचारा गिड़गिड़ा रहा। लाट साहब भला काहे को माने लगीं केहूँ की बात। शान में फ़रक़ आ जय्यते।"

अब शहरनाज़ दुल्हन बेगम को क्या समझाती। उसने बुख़ारी साहब की तरफ़ देखा। बुख़ारी साहब दरवाज़े की चिलमन को देख रहे थे।

चिलमन उठी और वहशत अन्दर आ गया।

वहशत उम्र में बुख़ारी साहब से छोटा था। परन्तु रिश्ते में बड़ा था। तो उसे आता देखकर वह खड़े हो गए और बोले :

"अरे भाई साहब, आप अभी से कैसे आ गए?"

"बाबू अंबिका परशाद"[1] का इंतिकाल हो गया।" वहशत ने काला कोट उतारकर शहरनाज़ की तरफ़ फेंकते हुए कहा।

यह बाबू अंबिका प्रसाद हयातुल्लाह अंसारी के साथियों में थे, और हिन्दू महासभा के लोकल लीडर थे।

यह लोकल लीडर भी बड़ी अजीब चीज़ होता है। यह चमचों के सेट का सबसे छोटा चमचा होता है। यह लोगों से यह कहता रहता है कि यह उस ऑल इंडिया, अखिल भारतीय या कुल हिन्द लीडर की नाक का बाल है, परन्तु यह ख़ूब जानता है कि बाल यह अवश्य है, परन्तु नाक का बाल नहीं है। इसके पास कोई अपनी बड़ाई नहीं होती। यह जिस नाक का बाल है यदि वह नाक कट जाए तो यह भी कटा हुआ मान लिया जाता है। परन्तु इसकी एक न्यूसेंस वैल्यू अवश्य होती है, इसलिए यह छोटे-मोटे काम करवाके रोब झाड़ता है लोगों पर। सरकारी

1. यह 'प्रसाद' है। उर्दू घरानों में 'प्र' की आवाज़ नहीं है। इसलिए 'प्र' 'पर' हो गया। और फिर 'स' को 'श' बना दिया गया।

अफ़सर वास्तव में उस नाक से डरते हैं, जिसका यह बाल होता है। बाबू अंबिका प्रसाद नए-नए लोकल लीडर हुए थे, इसलिए उन्हें यह पता नहीं था कि बस किसी की नाक का बाल हो जाने से काम नहीं चलता। वह चिल्लाते सबसे ज़्यादा थे। चिल्लाते-चिल्लाते उनकी आवाज़ बिलकुल बैठ गई थी। उनका ख़याल था कि कांग्रेसियों, कम्युनिस्टों और पाकिस्तानियों ने उन्हें मिल-मिलाके सिन्दूर खिला दिया है। कलेक्ट्रेट की बार में ये सब स्वर्गीय से लुत्फ़ लिया करते थे। हद तो यह है कि ज़िला हिन्दू महासभा के जनरल सेक्रेटरी पंडित लक्ष्मी नारायण सिंह भी उनसे ख़ासा लुत्फ़ लिया करते थे और वह मरे भी बड़े लोकल तरीक़े से। बार में जवाहरलाल नेहरू पर ख़फ़ा होते-होते उनका देहांत हो गया। 'गली हमने कही थी तुम तो दुनिया छोड़े जाते हो!' चूँकि बार असोसिएशन सीनियर-जूनियर, तेज़ और घामड़ वकीलों में फ़र्क़ नहीं करती, इसलिए उनके मरते ही कचहरी बन्द हो गई और बुख़ारी साहब का सारा प्रोग्राम बिगड़ गया। परन्तु उन्हें कुछ-न-कुछ तो बोलना ही था तो बोले :

"अच्छा हुआ मर गया कमबख़्त! ख़बीस बड़ा मुसलमान दुश्मन था।"

वहशत के होंठों पर एक थकी हुई मुस्कुराहट आ गई।

"मुसलमान दुश्मनों के मरने की दुआएँ यूँ न माँगिए भाई बुख़ारी," उसने कहा, "वरना बहुत-से मुस्लिम लीडरों को भी मलकुलमौत पकड़ ले जाएँगे।"

"क्या मतलब?" बुख़ारी साहब की भँवें खिंच गईं।

"मतलब यह कि जो मुसलमानों को गाली देता है, वह हिन्दुओं का दुश्मन है, और जो हिन्दुओं को गाली देता है, वह मुसलमानों का दुश्मन है।"

"आपका तो मत ही निराला है।"

"कम्युनलिज़्म सिर्फ़ कम्युनलिज़्म है भाई बुख़ारी! जब तक हम उसे हिन्दू-मुसलमान और बंगाल-पंजाब में बाँटते रहेंगे तब तक शहर जलते रहेंगे। लेकिन आप यह बात नहीं समझेंगे।"

"क्यों?"

"क्योंकि आज कचहरी में शहीर आलम यह बता रहे थे कि आप इलेक्शन लड़नेवाले हैं। और इलेक्शन लड़ना है तो आपको वोट माँगने हैं। टिकट किसी पार्टी का हो, वोट जात-पाँत और मज़हब ही के नाम पर माँगा जाता है। I am absolutely disgusted with our Socalled Sacular Political Parties." उसके मुँह का मजा ख़राब हो गया, उसे उस कमरे में घुटन होने लगी। "मुझे अकेली आर.एस.एस. की सरकार कुबूल है, मगर यह कम्युनिस्ट-जनसंघ और कम्युनिस्ट-मुस्लिम लीग सरकारें कुबूल नहीं हैं।"

"कहाँ बनी हैं ये सरकारें?"

"बनी तो नहीं हैं। लेकिन हालात यही रहे तो बन जाएँगी।"

"तो क्या आप यह चाहते हैं कि नेहरू की नादिरशाही यूँ ही चलती रहे? इतने दिनों में इस सरकार ने बेरोज़गारी और फ्रस्ट्रेशन के सिवा और क्या दिया है? और अगर..."

"प्लीज़ भाई बुख़ारी!" उसने गिड़गिड़ाकर कहा, "मैं आपको वोट नहीं दूँगा।"

"तो किसे देंगे आप वोट?"

"मुझे ताव न दिलाइए नहीं तो मैं ख़ुद खड़ा हो जाऊँगा। शहला का केस न लेकर मैंने हिन्दुओं पर धाक जमा ली है। जनसंघ की तरफ़ से फ़ीलर आ चुका है कि मेरे लिए उनका टिकट हाज़िर है।"

"ये जनसंघी भी ग़ज़ब के हिपॉक्रेट नहीं हैं? पी.एस.पी. का

सेकुलर टिकट लेकर आप कम्युनल इलेक्शन लड़ेंगे और मज़े की बात यह है कि बड़े ऑल इंडिया क़िस्म के सेकुलर लोग आपके कंपेन में हिस्सा लेंगे और जो आप जीत गए तो वह बगलें बजाएँगे और यह बात वह किसी से नहीं कहेंगे कि आपकी जीत उनके सेकुलर टिकट की जीत नहीं है, बल्कि उनके सेकुलर टिकट की हार है। हिन्दुओं को लड़वाकर किसी मुसलमान को जितवा लेना सेकुलरिज़्म नहीं है। सेकुलरिज़्म! How! I hate this word."

वह कमरे से निकल गया। उसे हिन्दुस्तानी राजनीति से घिन आने लगी थी। उसने अपने ड्रेसिंग टेबिल की दराज खोलकर दस रुपए का वह नोट निकाला, जो उस दिन शहला छोड़ गई थी।

शहला! इस शब्द का अर्थ क्या है। जुदाई? दस का एक नोट? जनसंघ का टिकट? अभी कुछ दिनों पहले तक जब वह कस्टोडियन से मुक़दमे लड़ा करता था तो वह बड़ा कम्युनल समझा जाता था। और इसीलिए लोकल हिन्दू लीडर उससे जलते थे और लोकल मुसलमान उसके नाम का वज़ीफ़ा पढ़ते थे। परन्तु शहला का केस न लेने का फ़ैसला करते ही लोकल हिन्दू लीडरों के लिए वह सेकुलर हो गया और मुसलमानों के लिए आस्तीन का साँप। पिछले कई महीनों से उसे किसी मुसलमान का केस नहीं मिला था। मुसलमान तो ठाकुर शिवनारायण सिंह के दरवाज़े पर खड़े थे। हिन्दुओं के केसों में कोई ख़ास बढ़ोतरी नहीं हुई थी। उसकी वकालत एकदम से गिर गई थी। और वह बड़ी संजीदगी से सोच रहा था कि जो मुक़दमे भी हिन्दू-मुसलमान होने लगे हैं तो वकालत करने से फ़ायदा क्या? उसने यह बात किसी को नहीं बताई थी कि उसने वकालत और ग़ाज़ीपुर दोनों ही को छोड़ देने का फ़ैसला कर लिया था। उसने कई जगह दरख़ास्तें भेज रखी थीं, और कहीं जगह मिलने की तो उसे

कोई ख़ास उम्मीद न थी। परन्तु उसे अलीगढ़ यूनिवर्सिटी के क़ानून विभाग में रीडर हो जाने की पूरी उम्मीद थी।

उसने दस रुपए के नोट को चुटकी से मसलकर देखा और अपने आप से यह पूछने लगा कि क्या दस रुपए का यह नोट ज़िन्दगी गुजारने के लिए काफ़ी होगा?

उसे पहली बार लगा कि जीना बड़ा बोरिंग काम है। यह लाखों-लाख, करोड़ों-करोड़, अरबों-खरबों लोग कैसे जीते चले जाते हैं आख़िर! जगह की इतनी कमी है कि एक-एक बदन में कई-कई लोग रह रहे हैं। और ये कई-कई लोग एक-दूसरे के दोस्त भी नहीं हैं; दुश्मन हैं; अजनबी हैं। और इस भीड़ में कोई अपने को कैसे पहचाने? ये एक आईने के टुकड़े नहीं हैं। ये अलग-अलग व्यक्तित्व हैं, जो एक ही बदन में समा गए हैं। सभी असली हैं। सभी जीवित हैं। तनहाई नहीं मिलती कि कोई चुपचाप लेटकर दस रुपए के एक नोट के बारे में सोचे। शहला ने यह नोट किसे दिया था? उस वहशत अंसारी को, जो वकील है; या उस वहशत को, जो कवि है; या उस वहशत को, जो शहरू का बड़ा भाई है? यह किसकी फ़ीस है, और किसने दी है? यह नोट उस शहला ने दिया है, जो मेरे लिए कुरते बनाती थी; या उस शहला ने, जो अपने दादा का मज़ार बनाना चाहती थी...?

यह डोर बहुत उलझ गई। क्या वहशत अंसारियों की इस भीड़ को पता है कि उनमें से एक शहला से प्यार करता है? तो फिर यह उसके लिए कुछ करते क्यों नहीं? सब अपनी-अपनी धुन में लगे हुए हैं। वकील वकालत कर रहा है। कवि कविताएँ लिख रहा है। भाई शहरू की शादी और बुतूल की मौत के बारे में सोच रहा है। बेटा माँ की गोद में सिर रखकर लेट जाने का अवसर ढूँढ़ रहा

है। किसी के पास इतना समय नहीं कि पल भर को रुक जाए और प्रेमी से पूछे कि ये दस रुपए तुम कैसे ख़र्च करोगे...

"शरबत पी लीजिए भाई साहब!" हशमत ने कमरे में आकर कहा।

वहशत ने मलगज़ी रोशनी में हशमत की तरफ़ देखा। उसका दोपट्टा गले में पड़ा हुआ था। उसकी आँखों में एक शर्मीली चमक थी। उसके हाथ में शरबत का गिलास था—परन्तु वहशत अंसारियों की भीड़ में किसी के पास वे आँखें नहीं थीं, जो हशमत की आँखों की गहराई में उतरकर उसके दिल की बात निकाल लातीं।

"नहीं, मैं नहीं पीऊँगा।"

"बड़ा ठंडा है भाई साहब!"

दस रुपए के इस नोट से ज़्यादा ठंडा तो हो नहीं सकता हशमत! वह यह पूछना चाहता था। परन्तु उसने यह पूछा नहीं।

"नहीं—असल में मेरे सिर में दर्द हो रहा है ज़रा!" वह साफ़ झूठ बोला।

"लाइए दबा दूँ।"

हशमत गिलास को मेज़ पर रखकर उसके पलंग की तरफ़ बढ़ी।

"अरे-अरे यह क्या कर रहे हैं आप?" उसने उसके हाथ से दस का नोट छीन लिया, "फाड़ ही डाला था आपने बेचारे को!"

वहशत चौंक पड़ा। दस का नोट हशमत के हाथ में था। उसने अपने आपको बिलकुल अकेला पाया। बिलकुल ख़ाली। वह हशमत की उँगलियों की तरफ़ देख रहा था, जो उस नोट की सलवटें निकाल रही थी।

"किसका ग़ुस्सा उतार रहे थे आप इस ग़रीब पर?" हशमत ने उसकी तरफ़ देखकर कहा। यह कहते-कहते उसने उस नोट को अपने गरेबान में रख लिया, "अब यह नहीं मिलेगा आपको।"

"हशमत!"

"नहीं दूँगी।"

"कोट की जेब में बटवा है। कोई और नोट निकाल लो।"

"मैं तो यही नोट लूँगी।" हशमत ने कहा।

उसका हलक़ सूख चला था। एक अजीब मीठा-मीठा-सा डर ठंडी हवा की तरह उसके बदन में उतरता चला जा रहा था। जैसे रेत में पानी उतर जाता है। "यही नोट चाहिए तो लीजिए हाथ मरोड़ के। मैं तो नहीं दूँगी।" यह कहते-कहते उसने ख़्वाबों से किवाड़ की कुंडी खोल दी। अनारकली। साहिबे-आलम।

महाबली...

वहशत खड़ा हो गया। वह हशमत की तरफ़ बढ़ा। हशमत की आँखें बन्द होने लगीं। वह उसके पास खड़ा हो गया।

"वह नोट तकिए के नीचे रख देना।" उसने बड़ी नर्मी से कहा, "हिन्दी फ़िल्में न देखा करो। उनका ज़िन्दगी से कोई ताल्लुक़ नहीं होता।"

वह बाहर की रोशनी में चला गया। हशमत कमरे के अँधेरे में अकेली रह गई। उसने दस रुपए के उस नोट को बड़ी नफ़रत से पलंग पर फेंक दिया। फिर वह उसकी तरफ़ यूँ देखने लगी, जैसे वह कोई नोट न हो बल्कि कोई लड़की हो। और तब उसे याद आया कि एक दिन शहला ने वहशत को दस का नोट दिया था।

हशमत दरवाज़े की ओर मुड़ी। दरवाज़ा खुला हुआ था। दरवाज़े पर कोई नहीं था। उसने चुपके से दरवाज़े को भेड़कर चटखनी चढ़ा दी। फिर वह पलंग के पास आई। नोट को बड़ी हिक़ारत से ज़मीन पर फेंककर लेट गई और वहशत के बदन की महक से बातें करने लगी।

नौकरानियाँ ज़रा जल्दी निगाहें पहचानने लगती हैं। वह बुख़ारी

की वे निगाहें पहचानती थी, जो उसके बदन से और छोटी बाजी के बदन से लिपटी पड़ती थीं। परन्तु वहशत की निगाहें तो बिलकुल अर्थहीन हुआ करती थीं। जैसे हशमत के होने या न होने से कोई फ़र्क़ ही न पड़ता हो। दस रुपए का यह नोट क्या उससे ज़्यादा ख़ूबसूरत, वफ़ादार और जवान था? यदि दस रुपए के इस नोट का कोई महत्त्व है तो बेदी, मंटो, इस्मत, कृष्णचन्द्र की कहानियों और मजाज़, सरदार जाफ़री, जज़्बी, फ़ैज़ अहमद फ़ैज़, मजरूह सुलतानपुरी, साहिर लुधियानवी या वामिक जौनपुरी की कविताओं में कहीं इसका ज़िक्र क्यों नहीं आया? उसने कनखियों से उस नोट की तरफ़ देखा। वह जहाँ गिरा था, वहीं पड़ा हुआ था। उसने तो पलटकर हशमत की तरफ़ देखा भी नहीं...

"तुम किसी वक़्त चली ज़रूर जाना शहला के पास।" बाहर से बुख़ारी साहब की आवाज़ आई। हशमत घबराकर उठ बैठी। उसके बदन की बनाई सलवटें वहशत के बदन की बनाई हुई सलवटों में मिल गई थीं। पहचानना मुश्किल था कि कौन-सी सलवट किसकी बनाई है। उसने जल्दी-जल्दी सारी सलवटें मिटा डालीं। नोट अब भी वहीं पड़ा था। उसे उठाकर तकिए के नीचे रखती हुई वह बाहर निकल गई।

बुख़ारी साहब ड्योढ़ी के फाटक पर रुककर मुड़े।

"हशमत को भेज दो, दरवाज़ा बन्द कर ले।"

"ऊ माटी मिली कानी कहाँ मिट गई है एह बख़त। मैं बन्द करथ्युँ फाटक।" दुल्हन बीबी ने कहा।

बुख़ारी साहब का मुँह उतर गया। इस खड़ी दोपहर में आना बिलकुल बेकार गया। उस हरामज़ादे अंबिका प्रसाद को भी आज ही मरना था! और अब दुल्हन बी किवाड़ बन्द करने आ रही हैं।

यह साली हशमत ज़रूर वहशत से फँसी हुई है। जब देखो तब भाई साहब-भाई साहब करती हुई उसके कमरे में पहुँच जाती है। वह यह सोचते हुए गली में आ गया कि वहशत और हशमत की कैसी गहरी छनती होगी...

दुल्हन बी ने दरवाज़ा बन्द कर दिया। और जब वह पलटीं तो उन्हें पहली बार इस ख़याल ने सताया कि यह आँगन कितना बड़ा और कितना ख़ाली है और तब उन्हें इस ख़याल ने डंक मारा कि आख़िर वहशत ब्याह की बात से कन्नी क्यों काट जाता है। कहीं ख़ुदा न करे...परन्तु इसके आगे उन्होंने सोचा ही नहीं।

कहते हैं कि मुसीबत में अल्लाह याद आता है। तो दुल्हन बी को भी अल्लाह याद आया। और अल्लाह याद आया तो उन्हें यह भी याद आया कि हाज़रा से अल्लाह मियाँ की बनी हुई है आजकल।

"यह आप धूप में खड़ी क्या कर रही हैं?" वहशत की आवाज़ आई। वह अपने ऑफ़िस से घर में आया था। हयातुल्लाह अंसारी ने इन्हीं गर्मी के दिनों के ख़याल से सदर दालान में एक दरवाज़ा फोड़वा लिया था। माँ को देखकर वह रुक गया।

"या अल्लाह" कहकर दुल्हन बी दालान में आ गईं।

"यह आप वहाँ धूप में खड़ी-खड़ी क्या सोच रही थीं आख़िर?" वहशत ने फिर पूछा।

"तोरे विवाह के बारे में सोचती रहियूँ और ई सोचती रहियूँ कि हाज़रा बाजी के पास कानी कब से जाना न भवा है। और ई सोचती रहियूँ कि ज़िन्दगी का क्या भरोसा है। आज मरों त कल दूसरा दिन है।"

वह मुस्कुरा दिया। दुल्हन बी जल के राख हो गईं।

"तोरा एह तरह से हँसना हम्में एक्को आँख ना भाता।" वह बिगड़

गईं, "बड़हू बहू देखे का अरमान दिल में लिए-लिए गुज़र गए। हम पूछ रहें कि तोरे विवाह का शगुन कब निकलिहे आख़िर पूता?"

"क्या पता।"

"अब ई त हो ना सकता कि अल्लाह मियाँ तोरी जोड़िए लिखना भूल गए हैं।" दुल्हन बी ने माथा ठोंका, "ओहर बहेन जवान हुई जा रही है। हमारे लोगन का ज़माना रहा होता त ओकी जवानी माशा अल्ला से पाँच-छह बरिस पुरानी हो गई होती अबले तक तूहे ओहू की फ़िक्रिर ना है।"

वह मुस्कुराना नहीं चाहता था, परन्तु वह मुस्कुरा दिया। ये माँएँ बेचारियाँ कितनी सीधी होती हैं! ये बच्चे जनती हैं और उनके जन्म लेते ही उनके विवाह के अरमान में लग जाती हैं। उनके विवाह के बाद पोती-पोतों और नवासी-नवासों की चाट हो जाती है। और इन्हीं अरमानों के रास्ते पर ये एक दिन चुपचाप मर जाती हैं। मनुष्य चाँद पर जाने की तैयारी में है। हिन्दू मुसलमानों को खाए जा रहे हैं। मुसलमान उन्हें किचकिचा के दाँत काटने का अवसर ढूँढ़ रहे हैं। (और कुछ तो रेडियो पाकिस्तान सुन रहे हैं। जैसे रेडियो पाकिस्तान जिबरील की आवाज़ में अल्लाह का सन्देश दे रहा हो।) अलजीरिया में लड़ाई हो रही है। फ़िलिस्तीन के शरणार्थियों की समस्या खड़ी है। कश्मीर का काँटा फँसा हुआ है। नेहरू और मोरारजी भाई में ठनी हुई है। हिन्दुस्तान हॉकी में पाकिस्तान से हार चुका है। रामनाथन कृष्णन के बाद भारतीय टेनिस का भविष्य अँधेरा है। अनाज महँगा होता जा रहा है। बेरोज़गारी लड़कियों की उम्र की तरह बेरोक-टोक बढ़ती चली जा रही है...परन्तु दुल्हन बी को यही फ़िक्र खाए जा रही है कि शहरू बहुत बड़ी हो गई है! अरे अम्माँ, शहरू क्या इस दुनिया से भी बड़ी हो गई है?

"ई तोरी बड़ी बुरी आदत है पूता! जहाँ मैं कुछ कहयौं ना कि तूँ हँस्से ना लग्यों। बहिन को बिआहे का इरादा ना है का? जो आज तोरे अब्बा होते त हम्में तूँसे गिड़गिड़ाए को ना पड़ता।"

"आइए शहरा के ब्याह की बातें करें!" उसने माँ के गले में बाँहें डाल के कहा।

"और आपके ब्याह की बातें क्यों न करें?" शहरनाज़ की आवाज़ आई।

वह अपने कमरे के दरवाज़े पर एक हाथ रखे खड़ी उनकी तरफ़ देख रही थी। दुल्हन बी ने उसे बहुत ज़ोर लगा के घूरा। परन्तु वह वहीं खड़ी रही। बोली :

"मेरा कमरा बहुत ठंडा है। आइए यहीं बैठकर ब्याह की बात करें।"

"ए धीया तो एकदम्मे से सठीया गई हौका!" दुल्हन बी चकराकर बोलीं, "माटी मिली के दीदन का पानी बिलकुल सूख गया है!"

दुल्हन बी के पीछे से वहशत ने हाथ के इशारों से शहरनाज़ को मना किया। परन्तु शहरनाज़ का मूड ख़राब था। वही शहलावाली बात पर। और उसे अपनी झल्लाहट उतारनी थी। इसलिए बोली :

"मैं मँझली बाजी नहीं हूँ कि जिस खूँटे से बाँध दीजिएगा, वहीं पागुर करने लगूँगी!"

खूँटा!

दुल्हन बी थर-थर काँपने लगीं। और फिर वह हुआ, जो कभी नहीं हुआ था। दुल्हन बी ने एक तमाचा ऐसा मारा कि शहरनाज़ का मुँह फिर गया।

"ई तूँ खूँटा बोलना कहाँ से सीख गई हो?"

यह बात न वहशत की समझ में आई और न शहरनाज़ के कि

आख़िर हुआ क्या! सारा घर सन्नाटे में आ गया। शहरनाज़ जहाँ थी, वहीं खड़ी रह गई। दुल्हन बी पाँव पटकती, बकती-झकती अपने कमरे में चली गईं। वहशत ने शहरनाज़ को गले लगा लिया।

"क्यूँ मारा दुल्हन बी ने मुझे?" वह हिटक-हिटककर बोली, "क्यों मारा?"

क्यों?

यह शब्द कैसा कमीना हो गया है अब! इसकी उँगलियों ने किस सख़्ती से टेंटुए दबा रखे हैं। साँस लेना दूभर हो गया है। दुल्हन बी ने चाँटा क्यों मारा? शहला ने दस का नोट क्यों दिया? दूल्हा भाई लिपटे क्यों पड़ते हैं?

"माँ हैं। मार दिया तो क्या हुआ!" वहशत ने कहा, "तुम अपने बच्चों को पीटकर बदला लेना।"

"मैं इस वक़्त हँस नहीं पाऊँगी भाई साहब!"

"तो ज़रा मेरे कुरतों में बटन टाँक दो।"

शहरनाज़ मार भूल गई। उसने भाई की आँखों में आँखें डालकर कहा, "आपको शहला का केस ले लेना चाहिए था।"

वहशत सन्नाटे में आ गया। शहरू ने आज तक शहला की बात यों नहीं की थी।

"क्यों?"

"अरे आप बड़े भाई हैं। छोटी बहन का मुँह न खुलवाइए। किस मज़े से पूछ रहे हैं क्यों? क्योंकि शहला के काढ़े हुए कुरतों को आपने इस डर से पहनना छोड़ दिया है कि वे फट न जाएँ और क्यों?"

वहशत बहन की तरफ़ देखकर रह गया। वह अपने पलंग पर जा बैठी और वहीं से बोली :

"आइए, शादी की बातें करें।"

वह शहरनाज़ के पलंग पर लेट गया। शहरनाज़ जानती थी कि वह उदास हो गया है। वह देर तक कुछ नहीं बोली। उसने भाई को उदास होने का मौक़ा दिया।

उसे ख़ुद इस उदासी का अर्थ नहीं मालूम था। अलीगढ़ में उसने 'हाय अल्ला—देखिए तो...' कई किए थे; परन्तु उदासी के सागर से वह दूर ही रही थी। ग़ाज़ीपुर आकर वह गवर्नमेंट गर्ल्ज स्कूल में पढ़ा रही थी। वहाँ एक मिसेज सिंह उसे देख-देखकर उदास होने लगी थीं। वह उसे ख़ूब-ख़ूब चीज़ें भी देती थीं। बड़े उम्दा-उम्दा अचार बनाकर लातीं। उसके कुरतों पर चिकन का काम करतीं। उसे जिल्द नर्म रखने की तरकीबें बताती—परन्तु वह इस्मत की 'टेढ़ी लकीर' पढ़ चुकी थी और वहीदिया की मुनव्वर आपा का बड़ा ज़ोरदार इश्क़ झेल चुकी थी। तो भला वह इस सूखी-सड़ी मिसेज सिंह के झाँसे में कैसे आती। उसे बड़े 'ऑथेंटिक सोर्स' से पता चला था कि मिस्टर सिंह भी, जो झाँसी में किसी कॉलेज के प्रिंसिपल थे, बड़े शौक़ीन आदमी थे। परन्तु उन बेचारों को बिलकुल दूसरा शौक़ था। और बेचारी मिसेज़ सिंह उनके शौक़ के चौखटे में बिलकुल फ़िट नहीं होती थीं। अब की औरत मर्द कैसे बन सकती है। उसका दिल मिसेज़ सिंह के लिए कभी-कभार दुख भी जाता था। परन्तु भला हो इस्मत चुग़ताई का। वह बाल-बाल बच गई। फिर भी उसे मिसेज़ सिंह से नख़रे करने में बड़ा मज़ा आता था। वह किसी दिन यों ही बिला किसी कारण के उनसे रूठ जाती। और वह दिन मिसेज़ सिंह के लिए उस रात से भी ज़्यादा सख़्त गुज़रता, जिस रात एक बन्द कमरे में मिस्टर सिंह से उनकी पहली मुलाक़ात हुई थी—उन्होंने इन बेचारी को लड़का बना दिया था! यह बात वह शहरनाज़ को कई बार सुना चुकी थीं। और शायद इसीलिए वह चाहती थीं कि अब

वह मर्द ही हो जाएँ। अरे और क्या? जब पतिदेव ने लड़का बना ही डाला तो फिर लड़की बनने से क्या फ़ायदा...तो शहरनाज़ कभी-कभार उनके लिए उदास हो जाया करती थी। कई बार इस उदासी में सीमाएँ पार कर जाने की हद तक सोच गई। परन्तु वह जानती थी कि उसके भाई की उदासी उसकी अपनी उदासी से अलग है। उसकी उदासी 'टेढ़ी लकीर'[1] की उदासी थी और उसका भाई सीधी लकीर पर उदास था।

अब चूँकि वह भाई की उदासी का किवाड़ खटखटाना नहीं चाहती थी और उदासी के बारे में सोच रही थी, इसलिए उसका गाल जलने लगा। उसने जलती हुई जगह पर हाथ रखा। जलन और बढ़ गई। उसने मेज़से छोटा आईना उठाकर देखा। उसके गालों पर दुल्हन बी की उँगलियों के निशान थे। आईने को वापस रखकर उसने अपने आँचल से आँसू पोंछे। वह फिर यही सोचने लगी कि दुल्हन बी ने आख़िर मारा क्यों?

खूँटा! क्या बुराई है इस शब्द में!

...बहुत दिनों पहले की बात है। तब वह शायद दस बरस की रही होगी। वह अपनी ममेरी बहन के विवाह में ननिहाल गई हुई थी।

वहाँ वह ममेरे और खलेरे और दूर-पास के भाइयों में बड़ी पॉपुलर हो गई। कोई इधर से गाल नोच रहा है, कोई उधर से टकरा रहा है। बस, एक गुल्लू था, जो हमेशा उसकी मदद पर आ जाता।

गुल्लू उससे उम्र में चार-साढ़े चार साल बड़ा रहा होगा। बड़ा चुपचाप लड़का था। हाथ-पाँव का अच्छा था तो दूसरे लड़के उससे ज़रा दबते थे। वह शहरनाज़ को बचाने के लिए उसके आसपास मँडराया करता था।

---

1. इस्मत चुगताई का एक उपन्यास।

वहीं से पता चला कि उसके मामूँ ने एक रंडी रख छोड़ी है। रंडी तो वह जानती थी। लेकिन रखने की बात उसकी समझ में नहीं आती थी। तो एक दिन वह ममानी से बोली :

"मामूँ मियाँ ने वह रंडी कहाँ रख छोड़ी है। ज़रा हमको भी बताइए ना।" भोजपुरी-खड़ीबोली के जंगल में उसकी ठेठ खड़ीबोली बिलकुल झंडे की तरह खड़ी हो गई।

"हट निखौंदी।" दुल्हन बी ने उसे एक धपक्का दिया। देहाती मीरासनों के हाथ ढोल पर रुक गए। एक ठट्ठा पड़ा। वह भाग खड़ी हुई और ऊपरवाली ख़लवत में जाकर छोटी ममानी के पलंग के नीचे रूठकर छिप गई।

ये छोटी ममानी बड़े ग़ज़ब की थीं। अल्लाह रसूल से नीचे बात ही नहीं करती थीं। बेचारी बेवा हो गई थीं और दिन-रात नमाज़ें पढ़ा करती थीं। उन्होंने गुल्लू को गोद ले रखा था। शहरनाज़ अगर डरती थी तो उन्हीं से। वह कई बार दुल्हन बी को डाँट पिला चुकी थीं कि मँझली और छोटी से नमाज़ क्यों नहीं पढ़वातीं! अल्लाह इ चोंचला ना देखे वाला है छोटी बाजी।...

शहरनाज़ ने उनके कमरे को इसलिए चुना था कि वहाँ आने से सब कतराते थे। गुल्लू के सिवा कोई आता नहीं था। वह चाहती थी कि घर में उसकी ढुँढैया पड़े। परन्तु ब्याह के घर किसी को ख़याल ही न आया कि शहरनाज़ कहाँ है। खलेरे-ममेरे भाइयों ने ज़रूर भाँप लिया कि वह नहीं है तो वे दूसरी बहनों को परेशान करने में लग गए।

अब शहरनाज़ तो बिलकुल ही फँस गई उस ख़लवत में। परन्तु लड़की जिद्दी थी। वहीं पड़ी रही।

उसने छोटी ममानी की चाप सुनकर साँस रोक ली। उनके साथ

कोई और भी था।

छोटी ममानी पलंग पर लेट गईं।

"दरवज़वा बन्द काहें ना कर देत्यों।" छोटी ममानी की आवाज़ आई, "ई बोहारगवा बिआह कानी कब ख़त्म होइहे।"

"दरवाज़ा बन्द होने की आवाज़ आई। शहरनाज़ बहुत घबराई यों फँस जाने पर कि जो छोटी ममानी ने देख लिया तो क्या होगा! परन्तु अभी वह अपने बारे में पूरी तरह सोच भी नहीं पाई थी कि पलंग पर जैसे भूचाल आ गया। वह डरकर ज़मीन से चिपक गई और उन चींटियों को देखने लगी, जो न जाने कहाँ आने-जाने में लगी हुई थीं।

"ठोंक काहें न रह्यो खूँटवा।" यह आवाज़ तो छोटी ममानी की ही थी, परन्तु बहुत बदली-बदली थी।

थोड़ी देर के बाद भूचाल थम गया।

"हम्में वक्कन भैया जय्यसा जूता मँगवा दीजिए!" यह आवाज़ गुल्लू की थी। शहरनाज़ ने उसकी आवाज़ साफ़ पहचान ली। और अब उसे यह फ़िक्र हुई कि छोटी ममानी कहाँ खूँटा ठोंकने को कह रही थीं।

"अच्छा मँगवा देंगे।"

उसे बड़े ज़ोर की हँसी आई। जो पिट जाने का डर न रहा होता तो वह खिलखिलाके हँस पड़ी होती।

दरवाज़ा पीटा जाने लगा। दुल्हन बी की आवाज़ आई, "ए छोटी भाउज! ई का साहब! बाहर आइए!"

"अच्छा।" छोटी ममानी ने ज़ोर से कहा, "तूँ चलो हम आ रहें।" फिर वह धीरे से बोलीं, "तूँ हिअईं रहो। हम थोड़ी देर में आ रहें। त फिर खूँटा गाड़ेंगे। नेमतख़ाने में हलुआ रक्खा है। बाको ढेर

सा मत ठूँस लीहो। नहीं त टिलीली चल लगिहे।"

पैरों की चाप गूँजी। दरवाज़ा खुला। दरवाज़ा बन्द हुआ और कमरे में सन्नाटा छा गया। नीचे से मीरासनों के गाली गाने की आवाज़ आने लगी।

"बहन खोद आया।

मादर खोद आया..."

गाना औरतों के कहकहों में डूब गया।

शहरनाज़ पलंग के नीचे से निकल आई।

गुल्लू नेमतख़ाने के पास खड़ा न जाने किस चीज़ का हलवा खा रहा था। शहरनाज़ को देखकर उसका हाथ रुक गया। मुँह भी रुक गया।

"तूँ कहाँ से आ गइयु?"

"जब आप खूँटा गाड़ रहे थे तो मैं पलंग के नीचे थी।" यह कहकर उसने हलवे की प्लेट पर एक बकुट्टा मारा और मुँह भरकर दीवारें देखने लगी, "मगर आपने खूँटा गाड़ा कहाँ है?"

गुल्लू की आँखों में एक अजीब-सी चमक आ गई।

"ऊ दूसरा खूँटा है।" वह बोला, "बड़े मज़े का खेल है। छोटी ममानी के साथ हम खेलते रहे। तूँ खेलिहो।"

उसने सोचा क्या हर्ज़ है।

गुल्लू ने हलवे की प्लेट नेमतख़ाने में रख दी। फिर आगे बढ़कर दरवाज़े की कुंडी लगा दी।

"बाक़ी लड़े की सही ना है।"

"मैं लड़ती हूँ किसी से खेल में?"

गुल्लू ने उसे गुदगुदाया।

हँसी से उसकी चीख़ निकल ही जाती परन्तु गुल्लू ने उसके मुँह

पर हाथ रख दिया और धीरे से बोला, "ई खेल में ज़ोर से बोले की सही ना है।"

खेल शुरू हो गया।

फिर खेल ख़त्म हो गया।

गुल्लू ने कहा, "कल फिरो खेलेंगे।"

"हम नहीं खेलेंगे।" वह रो रही थी।

"ना खेलिहो त हम खाला बेगम से कह देंगे।" उसने धमकी दी।

वह वहाँ जब तक रही तब तक यही खेल जारी रहा। और गुल्लू ही ने उसे बताया कि 'सब अउरत मरद इहे खेलते हैं और एही से पेट में बच्चह पड़ जाता है।'

बच्चे की पैदाइश पर उसने बड़ी बाजी को चीख़ते सुना था। वह डर गई। उस रात उसने कई बार यह ख़्वाब देखा कि उसका पेट फाड़कर बच्चे निकल रहे हैं। वह चीख़-चीख़कर उठ बैठी। दुल्हन बी ने आयतल कुर्सी पढ़कर फूँका। छोटी ममानी ने नादे-अली पढ़कर पानी पिलाया। किसी दुआ का असर न हुआ तो यह तै पाया कि उस पर किसी मुसलमान जिन का साया हो गया है। दुल्हन बी ब्याह से पहले ही उसे वहाँ से ले भागीं।

थोड़े दिनों बाद जिन ख़ुद-ब-ख़ुद उतर गया। छोटी ममानी से फिर उसकी मलाक़ात न हई। कई बरस के बाद ख़बर मिली कि उनके बच्चा ठहर गया था और वह उसे गिरवाने के फेर में मर गईं। उनके मरने के बाद गुल्लू का क्या बना, यह किसी को नहीं मालूम। वह एक अनाथ बच्चा था। वह गुल्लू को कभी नहीं भूली। परन्तु खूँटा उसके दिमाग़ से निकल गया। उसे और कई शब्दों का ज्ञान प्राप्त हो चुका था। और इसीलिए दुल्हन बी का चाँटा उसकी समझ में नहीं आया था।

"तो यह सब ज़बान का चक्कर है!" उसने अपने आपसे कहा।

"ऐ!" बड़ा भाई चौंक पड़ा।

वह भी घबरा गई। वह तो बड़े भाई को बिलकुल भूल ही गई थी।

"मैं कुछ और सोच रही थी।"

"क्या सोच रही थी?"

"मैं यह सोच रही थी कि ये लफ़्ज़ आख़िर इतने चोले क्यों बदलते हैं?"

"लफ़्ज़ आदमी का एक्सटेंशन है। आदमी अपना चोला बदलता है तो लफ़्ज़ों को भी अपना चोला बदलना पड़ता है। मगर यह लफ़्ज़ कहाँ से आ कूदा हमारे बीच में। हम लोग तो शादी की बात करनेवाले थे। एक बात कहूँ?"

"कहिए।"

"बात बड़ी बेशर्मी की है। अम्माँ ने सुन लिया तो क़यामत बरपा कर देंगी। लेकिन तुम तो जानती हो कि तुम मेरी फेवरिट बहन हो।"

शहरू ने कुछ नहीं कहा। वह भाई की तरफ़ देखती रही अपनी बड़ी-बड़ी आँखों से।

"मैं तुम्हारी राइटिंग पहचानता हूँ।" उसने कहा, "जहाँ तुम्हारी निसबत की बात चलती है, वहाँ तुम अपने ख़िलाफ़ ख़त क्यों लिखती हो?"

इस प्रश्न ने दीवार पर लगी हुई घड़ी का पेंडुलम जैसे रोक दिया।

"क्या तुम किसी ख़ास आदमी से शादी करना चाहती हो? मेरा मतलब है कि..."

"जी नहीं।" उसने वहशत की बात काटी, "मुझे किसी से इश्क़-विश्क़ नहीं है।"

"नहीं...नहीं। मेरा मतलब कि इश्क़ कोई बुरी चीज़ नहीं है। वे

जमाने लद गए जब बड़ी-बूढ़ियाँ कहा करती थीं कि इश्क़ करना रंडियों का काम है।"

"नहीं भाई साहब। ख़ुदा की क़सम ऐसी कोई बात नहीं है। मैं शादी ही नहीं करना चाहती।"

"क्यों?"

"यह बात अभी-अभी मुझे मालूम हुई है। मगर बहन चाहे लाख फेवरिट हो, कई बातें ऐसी होती हैं, जो वह अपने भाई को नहीं बता सकती। इसलिए आइए आपकी शादी की बातें करें।"

"सच पूछो तो मैं भी शादी करना नहीं चाहता।"

"भाई साहब, वो गुल्लू याद है आपको?"

"कौन गुल्लू?"

"अरे वही। एक घोंचू-सा लड़का नहीं था, जिसे छोटी ममानी ने गोद ले रखा था!"

"दो-तीन बरस हुए बम्बई में मिला था। फ़िल्मों में छोटे-मोटे काम करता है। लेकिन अब न तो उसका नाम गुल्लू है न ग़ुलाम हुसैन—उसका नाम राकेश कुमार हो गया है। कह रहा था कि जल्द ही उसे एक बड़ा ब्रेक मिलनेवाला है। शान्तारम या जाने कौन उसे लीडिंग रोल एसाइन करनेवाला है। बड़ी दिलचस्प अंग्रेज़ी बोलने लगा है। कहने लगा कि भाई साहब, वकालत में क्या रखा है। ग़ाज़ीपुर को गोली मारिए। यहाँ आ जाइए। आप तो इतने अच्छे शायर हैं। आते ही हिट हो जाइएगा।"

"अब तो वह बहुत बड़ा हो गया होगा?"

"ताड़ जैसा निकल आया है। अपने क़द-बदन को गालियाँ दे रहा था कि उसके नाप की कोई हीरोइन नहीं मिल रही है। कहता था कि यह क़द प्रॉब्लम हो गया है। लोग कहते हैं कि सोशल फ़िल्मों

में यह क़द नहीं चलेगा। लेकिन जो कोई हीरोइन मिल जाए तो मैं हिट होकर दिखला दूँ। लेकिन इस वक़्त यह गुल्लू कहाँ से टपक पड़ा हमारे बीच में?"

"शादी की बात हो रही थी ना। तो वह फाख़रा बाजी की शादी याद आ गई। तो फिर छोटी ममानी याद आई। उसके साथ गुल्लू याद आया। अच्छा, आप अब खिसकें यहाँ से। मुझे नींद आ रही है।"

वहशत चला गया। तकिए पर उसके सिर का निशान रह गया। उसने वह निशान मिटा दिया क्योंकि वह गुल्लू के बारे में सोचना चाहती थी। उसने लेटकर आँखें बन्द कर लीं। और अभी वह फाख़रा बाजी की शादी के आँगन में पहुँची ही थी कि हशमत आ गई। उसके हाथ में कई रिसाले थे। उसके हाथ में दिल्ली से निकलनेवाली मासिक उर्दू पत्रिका 'शमा' भी थी।

शहरनाज़ 'शमा' के पन्ने पलटने लगी। वह 'शमा' पढ़ती नहीं थी। हशमत पढ़ती थी। परन्तु वह तसवीरें अवश्य देखा करती थी।

तीसरे पन्ने पर नए सितारे राकेश कुमार की रंगीन तसवीर थी और नीचे उसकी आनेवाली फ़िल्मों के नाम दिए हुए थे।

"कैसा बाँका लड़का है।" हशमत ने कहा, "मैं तो मर गई इस पर छोटी बाजी! इसका पता भी छपा है सवाल-जवाब में। मैं तो आज ही ख़त लिखने जा रही हूँ इसे। हाय छोटी बाजी, किस ग़ज़ब का ख़ूबसूरत है।"

उसी दिन शहरनाज़ ने प्रोग्राम बनाया कि वह छुट्टियाँ गुज़ारने बम्बई जा रही है। दुल्हन बी ने बहुत ज़मीन-आसमान किया कि जवान लड़कियाँ यों लकड़ाती नहीं फिरतीं दुनिया जहान में। परन्तु वह बड़ी जिद्दी न रही होती तो शायद उसे खूँटे का अर्थ ही न मालूम हुआ होता कभी।

वह बम्बई चली गई और फिर लौटकर नहीं आई।

हिम्मत जौनपुरी ने अपने जिस ख़त में अपनी माँ को यह लिखा था कि उसकी फ़िल्म बस शुरू होने ही वाली है, उसी में उसने यह भी लिखा था कि राकेश कुमार ने शहरनाज़ के साथ बड़ा बुरा सुलूक किया। पहले तो उसने उसे एक फ़्लैट में रखा। ख़बर उड़ी कि वह उससे शादी करनेवाला है। फिर वह उसे लेकर पार्टियों में जाने लगा। प्रोड्यूसरों और डाइरेक्टरों से उसका परिचय करवाता रहा। फिर वह मक्खन की तरह उन्हें और फिनांसरों को लगाई गई। अब वह एक सिंधी फिनांसर की दाश्ता है। पाली हिल पर एक तीन बेडरूम के फ़्लैट में रहती है। उसके पास दो कारें हैं। राकेश कुमार अब भी उसके पास आता-जाता रहता है। और वह जब नशे में धुत हो जाती है तो उस सिंधी फिनांसर की तोंद सहलाकर कहती है, 'डार्लिंग, रिटायर होने के बाद मैं राकेश कुमार से शादी करूँगी...'

ग़ाज़ीपुर से निकलकर वह इस कहानी से निकल गई। जीवन की गति इतनी तेज़ है कि यह सोचने का समय नहीं मिलता कि यदि उस दिन दोपहर में एक शब्द के लिए दुल्हन बी ने उसे थप्पड़ न मारा होता तो क्या उसकी कहानी यूँही समाप्त हुई होती? यह बात शायद ही कोई माने कि एक शब्द में इतना बल होता है कि जीवन के धारे का मुँह फेर दे।

दुल्हन बी को तो ख़ैर यह बात बिलकुल ही नहीं मालूम थी। वह तो सिरे से पढ़ाई ही के विरोध में थीं। उन्होंने बेटे को कोस डाला, जो ज़िद करके उसे अलीगढ़ ले गया था। अब वह दुल्हन बी को कैसे समझाता कि इसमें अलीगढ़ का कोई क़सूर नहीं है। हज़ारों लड़कियाँ पढ़ती हैं वहाँ। परन्तु, सब-की-सब एकदम से बम्बई तो नहीं जाती हैं। बहुत-सी लड़कियाँ हर साल भागकर बम्बई जाती

हैं, परन्तु वे सब-की-सब अलीगढ़ की पढ़ी हुई तो नहीं होती ना! परन्तु वह जानता था कि दुल्हन बी को समझाना बेकार था। हाँ, वह आश्चर्य में अवश्य था। उसकी शहरू इस तरह की लड़की नहीं थी। तो क्या शहला उसी तरह की लड़की थी, जैसी वह निकली? क्या उसने शहला के बारे में कभी यह सोचा था कि वह फ़ीस एक वकील को देगी और मिसिल दूसरे वकील को?

उसे शहरनाज़ और शहला दोनों ही से शिकायत थी।

"अब बइठे का हो मुँह लटकाए?" दुल्हन बी की आवाज़ ने उसे चौंका दिया, "बाप-दादा की जो सात हाथ की नाक रही ऊ कट गई। तूँहें अपने बाप की अरवाह की क़सम है। बम्बई जाके ओको ठिठिरिया लिआओ हियाँ। संट खींचके बइठे से काम काम ना चलिहे। कहते रहे हम कि ए बेटा ओका बिआह कर दियो त नाहीं। अभई ओकी ई उमिर ना भई है अम्माँ। अ...अम्माँ जाओ जहन्नुम में बाक़ी मैं ई ज़रूर पूछियों तूँसे कि बिआह करे के वास्ते त ऊ छोटी रही। बाक़ी रंडी बने के वास्ते झट देना जवान कय्यसे हो गई। ओसे अच्छी त मुंतज़ बो[1] निकली, जो कोठे से उतर के घर में बइठ गई। ख़ुदा की मार ओह पर जय्यसा ऊ हमरा दिल दुखाइस है, अल्लाह करे पोर-पोर सड़ के गिरे धीआ की..."

बात पूरे शहर में फैल गई और इस ज़ोर से फैली कि लोग थोड़ी देर के लिए शहला, ठाकुर शिवनारायण सिंह, कँवर वज़ीर हसन और उनके मज़ार को भूल गए।

---

1. ग़ाज़ीपुर में मेरी पड़ोसी हैं यह। मुझे नहीं मालूम कि उनका नाम क्या है। मैंने मुंतज़ बो ही सुना है। मुहर्रम की मजलिसों में आया करती थीं। आवाज़ बड़ी अच्छी और सधी हुई थी। घर की बीबियों के बराबर बैठा करती थीं। पता नहीं, हैं या मर गईं।

शहला सन्नाटे में आ गई। बेहाल शाह 'अल्लाह बस, बाक़ी हवस' कहते हुए उठे और चले गए। ठाकुर शिवनारायण सिंह ने मिसिल एक तरफ़ रखते हुए कहा :

"लाइए आज आपका हाथ देख डालें।"

शहला ने मुस्कुराकर हाथ बढ़ा दिया। ठाकुर साहब का हाथ काँप गया। उन्होंने पहली बार शहला को छुआ था। नर्म चिकनी जिल्द पर फिसलकर गिरते-गिरते बचे। अपने आपको सँभालने के लिए उन्होंने उस हाथ को दोनों हाथों से थाम लिया।

"दिल की रेखा तो बड़ी बलवान है।"

"जी हाँ।" वह बोली, "दस रुपए देकर खिंचवाई थी।"

यह बात ठाकुर साहब की समझ में नहीं आई। उनकी घबराहट पर वह खिलखिलाकर हँस दी। परन्तु अपने हाथ को उसने उन दोनों हाथों से बाहर नहीं निकाला।

"छोड़िए इन लकीरों को ठाकुर साहब! क्योंकि हर लकीर एक जगह से शुरू होकर दूसरी जगह ख़त्म हो जाती है।"

"इस लकीर को कैसे छोड़ूँ?" ठाकुर साहब ने प्रश्न किया।

"क्यों?" उसने अपनी मुस्कुराहट समेट ली। यह प्रश्न करने के बाद उसे होश आया। इस प्रश्न का जवाब उसे मालूम था। इसीलिए वह आज तक इस प्रश्न से कतराती चली आई थी।

"क्योंकि यह लकीर इस हाथ में है।" ठाकुर साहब ने जान पर खेलकर कह दिया।

उसने अपना हाथ खींच लिया। उसने निगाहें भर के उनकी तरफ़ देखा। वह एक पालतू कुत्ते की तरह अपने प्यार की दुम हिला रहे थे। रात के सपनों की ज़ुबान बाहर निकल आई थी और उससे लार टपक रही थी।

"ठाकुर साहब, मैं आपको फ़ीस में नहीं मिल सकती।"

"मैं तुम्हारे लिए घर-बार, माता-पिता, बाल-बच्चे सबको छोड़ दूँगा।"

कमरे में सन्नाटा हो गया।

"सबको छोड़ देना किसी सवाल का हल नहीं है ठाकुर साहब! आदमी कोई गुलदान नहीं होता कि उसे एक कमरे से उठाकर दूसरे कमरे में रख दिया जाए। मैं इस घर की चहीती लड़की हूँ ठाकुर साहब! मैं आधी-तिहाई चीज़ें नहीं लेती। और आप पूरे-के-पूरे मुझे मिल नहीं सकते। किसी दिन पूरे बनकर आइए मेरे सामने, तब देखूँ कि आप कैसे लगते हैं मुझे।"

"मैं समझा नहीं।"

"यह हमारे इस मुल्क की रीत है ठाकुर साहब, कि लड़कियाँ विदा होकर दिल में नहीं जातीं। घर में जाती हैं। आप अपने घर की ईंट हैं। सिर्फ़ एक ईंट। और एक घर में हज़ारों-हज़ार ईंटें होती हैं। दादा, परदादा, माँ, बाप, चाचा, मामूँ, भाई, फैमिली, फ्रेंड्स...क्या आपके घर की हर ईंट मुझे क़ुबूल करेगी?" उसकी आँखें न जाने क्यों भर आईं। वह दूसरी तरफ़ देखने लगी।

"तो फिर तुमने मुझे शह क्यों दी थी?"

"आपको मात देने के लिए।" उसने बिना झिझक जवाब दिया, "अंजाम, कुछ भी हो ठाकुर साहब, आप मुझे छूनेवाले पहले ही आदमी रहेंगे। यह जो बेहाल शाह बैठा हुआ था, यह भी मुझे छूना चाहता है। लेकिन मैं क़ुरान नहीं हूँ, जिसे हर मुसलमान आँखों से लगा सकता है और चूम सकता है; और गले में डालकर घूम सकता है। मैं एक लड़की हूँ। और मुझे सिर्फ़ वही छू सकता है। जिसे मैं छूने की इजाज़त दूँगी। क्या आप यह समझते हैं कि मैं आपकी

इस बात से धोखा खा गई कि आप मेरा हाथ देखना चाहते हैं? मैं धोखा नहीं खाती।"

"फिर तुमने मुझे इतना सिर क्यों चढ़ाया?"

"क्योंकि मेरे दिल ने कहा था कि मिसिल किसी हिन्दू वकील के हवाले कर दो। मेरा दिल एक चट्टान की तरह मुझसे अलग खड़ा है। और मैं उससे टकरा रही हूँ दिन-रात; क्योंकि मेरे दिल की रेखा बड़ी बलवान है। मैं आपसे शादी कर नहीं सकती। इसलिए नहीं कि आपके बाल-बच्चे हैं। बल्कि इसलिए कि मैं आपको मुसलमान बनाना नहीं चाहती, और ख़ुद हिन्दू होना नहीं चाहती। चूँकि मैं मज़हब को मानती हूँ, इसलिए सिविल मैरेज नहीं कर सकती। तो बताइए कि दिल की रेखा की यह सड़क जहाँ ख़त्म होती है, वहाँ किराए का मकान कैसे बनने दूँ? तो बीबी मैं आपकी बन नहीं सकती; दाश्ता बनने पर मैं तैयार नहीं हूँ, तो आप वकील ही क्यों नहीं बने रहते? और मुझे मुवक्किल क्यों नहीं रहने देते? कल मेरे बयान की तारीख़ है ना! मेरा बयान तैयार करवाइए वकील साहब!"

वह फूट-फूटकर रोने लगी।

ठाकुर साहब अब तक दिल-ही-दिल में हज़ारों बार दिलीप कुमार बन चुके थे। परन्तु जब अवसर आया तो पता चला कि उनके बाल बहुत छोटे हैं। माथे पर नहीं आ सकते! वह परेशान हो गए। और शहला थी कि रोए चली जा रही थी। ठाकुर साहब की समझ में जब कुछ नहीं आया तो वह मिसिल उलटने-पलटने लगे। इस मिसिल पर उनका कैरियर और उनके बच्चों का भविष्य निर्भर था। (बच्चों का अभी सवाल नहीं था। उनके एक ही लड़का हुआ था आठ साल में। परन्तु वह अपनी तरफ़ से मायूस नहीं थे।) सामने बैठकर रोनेवाली लड़की बड़ी ख़ूबसूरत और बेहद रसीली सही, परन्तु कैरियर, फिर

कैरियर होता है। वह मिसिल जो उनके हाथ में थी, वह देखते-ही-देखते शहला से ज़्यादा सुंदर और रसीली बन गई। मुक़दमे का नाम देखते ही उनके अन्दर वह लड़ाई फिर शुरू हो गई, जिसे शहला की ख़ूबसूरती ने सुला दिया था। धर्म बड़ा है या कैरियर? धर्म कैरियर! धर्म, बच्चों का भविष्य धर्म। अच्छे कपड़े, अच्छा मकान—धर्म हार गया। क्योंकि धर्म अब नाम रह गया है, केवल यह जताने का कि हम धर्म को मानते हैं, मस्जिदों में समाज को सिज्दा किया जाता है। मन्दिरों में समाज की पूजा की जाती है। जो ऐसा न होता तो पुरी के आचार्य गोरक्षा के साथ मनु-रक्षा का आंदोलन भी चलाते। मनुष्य को गाय का रुतबा देते। गाय माता होने के बाद भी कृष्ण नहीं है। कृष्ण तो मनुष्य ही है!...

...गाय और आदमी। कौन बड़ा है? तो आख़िर जब बलवे होते हैं, तो पूरी के शंकराचार्य बोलते क्यों नहीं कि मनुष्य को काटना बन्द करो। यहीं से यह सवाल पैदा होता है कि शूद्र ब्रह्मा के पाँव से निकले। ब्रह्मा का बदन ख़त्म हो गया। तो फिर मैं वहशत अंसारी कहाँ से निकला हूँ? क्या कोई और ब्रह्मा हैं?

यहाँ तक लिखकर वहशत रुक गया। क्या फ़ायदा यह बातें लिखने से? हिन्दुस्तानी डेमोक्रेसी ख़ुद जात-पाँत के चंगुल में फँसी हुई है। उसे कम्युनिस्ट एम.पी. सरजू पांड़े[1] याद आ गया। सरजू पांड़े एम.पी. बनने से पहले बड़े सेकुलर थे। सेकुलर वह आज भी हैं। और शायद कल भी होंगे। परन्तु उसने जब एक दिन मज़ाक़ में उनसे कहा, "पांड़े जी, क्यों न कश्मीर देकर पाकिस्तान से पूर्वी पाकिस्तान ले लिया जाए। सारा झगड़ा-टंटा ख़त्म हो जाए।" तो

1. श्री सरजू पांड़े से यह बात ख़ुद मेरी हुई थी। —लेखक।

पांड़े जी बोले कि "कश्मीर के कई लाख हिन्दुओं का सवाल है।" यदि चुनाव लड़ना है तो ये सब दाँव-पेंच करने पड़ेंगे। और जो मैं ग़लत कह रहा हूँ तो श्री अटल बिहारी ग़ाज़ीपुर के वार्ड नंबर-1 से म्युनिसिपल बोर्ड का चुनाव लड़कर देख लें। यदि हुसैन तंबाकूवाले उन्हें न हरा दें तो जो चोर की सज़ा वह मेरी सज़ा।[1] हमारे मुल्क में धर्म चुनाव का स्टंट होकर रह गया है। जो ऐसा न होता तो कोई बताए कि बाजा बजने से मस्जिदों और मोहर्रम का जुलूस निकलने से मन्दिरों का क्या बिगड़ता है? लेकिन मैं आख़िर यह कड़वी बातें क्यों सोचता हूँ। मैं शहला के बारे में क्यों नहीं सोचता!

शहला का ख़याल आते ही उसने अपनी डायरी बन्द कर दी। उसे कल की तैयारी करनी थी। यह बात उसके और बाबू बाँके बिहारीलाल के सिवा और किसी को नहीं मालूम थी कि कल शहला की जिरह वही करनेवाला है। बाबू साहब श्री हयातुल्लाह अंसारी के गहरे दोस्तों में थे। वहशत उनके पास गया। उसने उनसे कहा कि इस मुक़दमे में उसका वकालतनामा भी दाख़िल कर दिया जाए। बाबू जी ख़ुद इस मुक़दमे से परेशान थे। वह जानते कि इसमें जीते चाहे कोई परन्तु हार ग़ाज़ीपुर शहर की होगी। मुसलमानों से उन्हें नफ़रत नहीं थी। और ग़ाज़ीपुर से उन्हें बड़ा प्यार था। इसीलिए जब वहशत ने यह कहा, "चचा, शहला यह केस लेकर मेरे पास आई थी। मैंने बहुत मना किया। वह नहीं मानी तो मैंने कहा, फिर कोई हिन्दू वकील कर लो। हिन्दुओं के मुक़दमे मेरे पास यूँ भी कम थे। मुसलमानों के सारे मुक़दमे मेरे हाथ से निकल गए। मैंने कई जगहों पर अप्लाई कर रखा था। कल एक जगह से अपाइंटमेंट लेटर आ

---

1. इस वार्ड से हुसैन साहब को हराकर अब शायद झूलन चायवाला चुना गया है।

गया है। मैं वकालत छोड़ रहा हूँ और इसलिए आपके पास आया हूँ कि इस मुक़दमे में भी पेश होना चाहता हूँ। पहले आता तो लोग कहते कि हिन्दू मुक़दमों के लालच में आया हूँ..."

बाबू साहब की समझ में बात आ गई।

और कल वह शहला की जिरह करनेवाला था। कल ही पहली बार वह शहला को ठीक से देखनेवाला भी था। यह भी क्या मुलाक़ात होगी कि वह गवाहों के कटघरे में होगी और मैं गाउन पहने उसे ग़लत साबित करने की कोशिश कर रहा हूँगा। फिर भी 'नहीं' से 'हाँ' अच्छा होता है। ग़ाज़ीपुर छोड़ने से पहले वह शहला के नाक़-नक़्श को महत्त्वपूर्ण नज़ीरों की तरह याद कर लेना चाहता था। कल वह वकीले-मुख़ालिफ़ होगा और शहला गवाह। वह घंटों जिरह कर सकता है और घंटों शहला को देख सकता है...

...शहला ने आँखें उठाकर देखा। ठाकुर साहब मिसिल देख रहे थे। उसने आँसू पोंछ डाले। उसे अपने-आप पर बड़ा ग़ुस्सा आ रहा था कि उसने यह कमज़ोरी क्यों दिखाई। इससे कहीं ज़्यादा अच्छा तो यह हुआ होता कि वह चुपचाप हिन्दू हो गई होती और ठाकुर शिवनारायण की पत्नी को घर से निकालकर उस घर में जा बैठी होती!...

यह सोचते-सोचते उसने उस दीवार की तरफ़ देखा जिस पर जिन्ना साहब की तसवीर हुआ करती थी। दीवार पर अब तक उस तसवीर का दाग़ था।—क्या यह चाँद का दाग़ है, जो कभी मिट ही नहीं सकता!

द

जुडिशियल मैजिस्ट्रेट की अदालत का कमरा बाहर के खुले मैदान और कचहरी आनेवाली सड़क तक, भरा हुआ था। हथियारबन्द पुलिस का पहरा लगा हुआ था। शहर में दफ़ा चवालीस थी। परन्तु मौलाना फ़सीही, अनवारुल हसन, बाँके बिहारीलाल, पब्बरराम,...सभी का कहना यह था कि पाँच से अधिक आदमी कहाँ हैं। सब लोग अकेले हैं। सड़क पर हज़ार आदमी होते हैं तो क्या वे दफ़ा चवालीस तोड़ते हैं? सब अकेले होते हैं।

अकेले। क्या इस एक शब्द से ज़्यादा भयानक कोई और शब्द है किसी शब्दकोश में! वहाँ सब अकेले थे। वास्तव में अकेले थे। दुकानें बन्द कर आए थे। परछाइयों को घर छोड़ आए थे। सब अकेले थे। अन्दर भी सब अकेले थे। गवाहों के कटघरे में खड़ी हुई शहला अकेली थी। वकीलों की बेंच पर बैठा हुआ वहशत अकेला था। मुलज़िमों के कठघरे में खड़े दीनदयाल, अदालत की कुरसी पर बैठा हुआ जुडिशियल ऑफ़िसर, सब अकेले; अलग-अलग बातें करने-सोचने में गुम!

शहला वहशत को देख रही थी। वहशत शहला को देखना चाहता था। ठाकुर शिवनारायण सिंह शहला का बयान दिलवा रहे थे। शहला बयान दे रही थी। और उसकी आवाज़ अकेली थी।

तब आख़िर यह दुनिया क्या है?

तनहा लोगों की इक महफ़िल!

फूल अकेले,

ख़ुशबू तनहा।

आँख अकेली,

आँसू तनहा।

लफ़्ज़ अकेले,

जादू तनहा।

नींद अकेली,

आँगन तनहा।

"...यह हवेली मेरे बुज़ुर्गों की है। वह हिन्दू थे और जो वह किसी वजह से मुसलमान न हो गए होते तो मैं भी आज हिन्दू ही रही होती। तो क्या अगर मैं वहाँ अपने दादा की समाधि बनाती तो ये दीनदयाल दादा योंही मुलज़िमों के कठघरे में दिखाई देते?..."

वहशत अपनी जगह पर खड़ा हो गया। बाबू बाँके बिहारीलाल अपनी जगह पर बैठे रहे।

"योर ऑनर!" उसने अदालत को आवाज़ दी। शहला ने चौंककर उसकी तरफ़ देखा। अदालत ने पेशकार की तरफ़ देखा। बाँके बिहारीलाल के मुंशी ने हाथ बढ़ाकर वहशत का वकालतनामा अदालत के सामने रख दिया।

"मुस्तग़ीसा को बयान देने का पूरा हक़ है। मेरी सिर्फ़ यह गुज़ारिश है कि अदालत पब्लिक से ख़ाली करवा दी जाए क्योंकि...."

"अगर मेरा घर लोगों से ख़ाली नहीं करवाया जा सकता तो अदालत क्यों ख़ाली करवाई जाए?"

"मुसम्मात शहला देवी को आगाह किया जाता है कि यदि उन्होंने फिर वकील-सफ़ाई को यों टोका तो उनके ख़िलाफ़ कंटेंप्ट ऑफ़ कोर्ट की कार्रवाई की जाएगी। हाँ, आप क्या कह रहे थे वकील साहब?"

"मैं यह अर्ज़ कर रहा था कि इस मुक़दमे की नौईयत ज़रा मुख़्तलिफ़ है। इसलिए..."

"योर ऑनर, भले ही कंटेंप्ट में मुझे सजा दे दें," शहला बोली, लेकिन इन वकील साहब को इसी मुक़दमे में मैं फ़ीस के दस रुपए दे चुकी हैं।"

वहशत सन्नाटे में आ गया।

"मुस्तग़ीसा मेरे पास मुवक्किला की हैसियत से नहीं आई थी योर ऑनर, दोस्त की हैसियत से आई थी। और इसलिए मेरा वकालतनामा इज़ क्वाइट इन ऑर्डर।"

"और ख़ुदा न करे, मेरी आपकी दोस्ती कब थी वकील साहब? योर ऑनर, अगर ये मेरे दस रुपए लौटा दें तो मैं इनके वकालतनामे पर अपना एतराज वापस ले लूँगी।"

...ठाकुर शिवनारायण सिंह ने वहशत की ओर देखा। जी हाँ, दस रुपए देकर खिंचवाई थी। छोड़िए इन लकीरों को ठाकुर साहब। क्योंकि हर लकीर एक जगह से शुरू होकर दूसरी जगह ख़त्म हो जाती है। ठाकुर साहब, मैं आपको फ़ीस में नहीं मिल सकती। किसी दिन पूरे बनकर आइए मेरे सामने, तब देखें कि आप कैसे लगते हैं मुझे! आप अपने घर की एक ईंट हैं। सिर्फ़ एक ईंट। मैं क़ुरान नहीं हूँ, जिसे हर मुसलमान चूम सकता है, आँखों से लगा सकता

है और गले में डालकर घूम सकता है। मुझे सिर्फ़ वही छू सकता है, जिसे मैं छूने की इजाज़त दूँ। जिसे मैं छूने की इजाज़त दूँ। जिसे मैं छूने की इजाज़त दूँ। आप मुझे छूनेवाले पहले ही आदमी रहेंगे। पहले ही आदमी रहेंगे। पहले ही आदमी रहेंगे। अंजाम कुछ भी हो। कुछ भी हो। कुछ भी हो।...

ठाकुर साहब यह नहीं देख सके कि वहशत ने शहला के दस रुपए लौटाए या नहीं। वह अदालत की आवाज़ सुनकर चौंके। मैजिस्ट्रेट कह रहा था :

"ठाकुर साहब, बयान दिलवाइए।"

"जो हुक्म सरकार!" ठाकुर साहब ने कहा।

अदालत न जाने क्या सोचकर मुस्कुरा दी। ठाकुर साहब ने रूमाल से अपना माथा पोंछा, जैसे उनका प्यार उनके माथे पर लिखा हुआ हो!

"आज बड़ी गर्मी है।" उन्होंने कहा।

"पेशकार साहब, यह बयान ठाकुर साहब का है। मुस्तग़ीसा का नहीं है।" मैजिस्ट्रेट ने मुस्कुराकर कहा। वकीलों की बेंच से हँसने की आवाज़ आई।

"ठाकुर साहब यह मज़ाक़ नहीं समझे सरकार!" नईम क़ुरैशी, ऐडवोकेट, बी.ए., एल.एल.बी. (अलीगढ़) ने कहा।

वहशत को यह ठठोल बड़ा अजीब लगा। ये कैसे अजीब लोग हैं! क्या इन्हें यह पता नहीं कि इस अदालत में कैसा मुक़दमा चल रहा है। मन्दिर, मज़ार और घर। मन्दिर और मज़ार के बोझ से घरों की दीवारें बैठी जा रही हैं। स्कूल बन्द हैं। बाज़ार ख़ाली हैं। चिराग गुल हैं। मुहल्ले जल रहे हैं। बस्तियाँ वीरान हैं। हस्पताल आबाद हैं। क्या एक मज़ार के लिए यह होने दिया जाए? और क्या हिन्दू साम्प्रदायिकता से डरकर शहला अपने दादा का मज़ार न बनवाए?

वह इन दोनों सवालों से आँखें चुराता, परन्तु ये दोनों सवाल उसके दाहिने-बाएँ खड़े थे। वह किधर देखे और किधर न देखे। अल्लाह, क्या मैं आँखें बन्द कर लूँ...

"...यह मेरी ज़ाती हवेली है। मैं इसका हाउस टैक्स और वाटर टैक्स देती हूँ। इस हवेली में जो मन्दिर है, वह किसी भगवान का नहीं है बल्कि मेरे बुज़ुर्गों का है। और इसीलिए वह मौजूद है। वह मन्दिर हिन्दुओं के डर से मेरे घर में नहीं जा रहा है। क्योंकि हिन्दुओं का डर तो अब पैदा हुआ है। यह इस डर से बहुत पहले की बात है। मुझे नहीं मालूम कि यह डर रहेगा या ख़त्म हो जाएगा; लेकिन मुझे यह मालूम है कि यह मन्दिर रहेगा। इसकी ज़िन्दगी हमारे ख़ानदान की ज़िन्दगी के साथ जुड़ी हुई है और इसीलिए मैं दीनदयाल दादा से पूछना चाहती हूँ कि मैं जीती रहूँ या मर जाऊँ?"

"आप केवल अपना बयान दीजिए।" ठाकुर साहब ने जल्दी से कहा, "श्री दीनदयाल मुलज़िम से जो पूछना होगा, वह आपकी तरफ़ से मैं पढ़ूँगा।

"यह सवाल मेरे बयान में शामिल है वकील साहब!" शहला ने कहा, "मैं हलफ़िया बयान दे रही हूँ, इसलिए अपने बयान में काट-छाँट नहीं कर सकती।"

"अब तूँसे हम का कहें बिटिया!" दीनदयाल ने कहा, "वज़ीर रहते त हम ई सवाल का जवाब देते। ज़रूर देते।"

ठाकुर शिवनारायण सिंह ने अदालत की तरफ़ देखा और कहा :

"मुलज़िम को हिदायत की जाए सरकार, कि उसे बीच में बोलने का हक़ नहीं है।"

...शहला का बयान सात दिन तक होता रहा। वहशत उसे सात दिन तक देखता रहा और सुनता रहा कि मुसलमान लीडर अपने

बाल-बच्चों को शादी-ब्याह और मरने-जीने के नाम पर शहर से बाहर भेज रहे हैं। जिन हिन्दू लीडरों के घर मुसलमान मुहल्लों के पास थे, वे भी यही कर रहे थे।

चुनाव सामने खड़ा यह तमाशा देख रहा था। राजनीति चुप थी। यह झगड़ा चुनाव के इतना क़रीब था तो चुनाव हारने का रिस्क कौन लेता! शहर लीडरों से ख़ाली था। छोटे-मोटे लीडर रह गए थे तो वे लाउड स्पीकरों पर कुछ कह रहे थे और कानाफूसी में कुछ। और शहर सहमा हुआ था। लोग दिन रहे घर आने लगे थे। बच्चों को देर तक खेलने नहीं दिया जाता था। बच्चे बड़े एक्साइटेड थे। घरों में तरह-तरह की बातें हो रही थीं।

"हमरी माता जी ई कह रहीं कि तोरे अब्बा छुरा तेज़ कर रहे।"

"अ हमरी अम्माँ बताती रहीं कि तोरे अब्बा हम्में मारे के वास्ते तय्यारी कर रहें।"

"तोरी अम्माँ, झुट्ठी हैं!"

"तोरी अम्माँ झुट्ठी हैं!"

"बहनचोद, ख़बरदार! जो हमारी अम्माँ को गाली दियौ।"

"अउर तूहूँ मादरचोद अपनी ज़बान सँभाल, न त ओ ही तोरी बहिनिया की फाड़ देंगे।"

...लाउड स्पीकर पर दूर से आवाज़ आने लगी :

मेरा नाम राजू घराना अनाम
बहती है गंगा जहाँ मेरा धाम...

दोनों बच्चे आवाज़ की तरफ़ दौड़ पड़े। आवाज़ पास आती जा रही थी। एक रिक्शे पर लाउड स्पीकर लगा था। रीगल टाकीज के बुकिंग क्लर्क जवाहर ने रेकार्ड बन्द कर दिया और ख़ुद बोलने लगा :

"राजकपूर की शानदान ऐक्टिंग और पद्‌ मिनी की शानदार जवानी देखने के लिए देखिए आर. के. प्रोडक्शंज़ का रंगीन चित्र जिस देश में गंगा बैती है। चार दिन से पब्लिक टिकट न मिलने के कारन निरास लौट रही है। निरासा से बचने के लिए समय से पैले आइए। रोज़ाना तीन सो। पैला सो ठीक ढाई बजे। दूसरा साढ़े छः बजे अउर तीसरा ठीक साढ़े नौ बजे। दू हप्ता तक फिरी पास बिलकुल बन्द। मेरा नाम राजू घराना अनाम। बैती है गंगा जहाँ मेरा धाम। जिस देस में गंगा बैती है।"

उसने एक मुट्‌ठी इश्तिहार हवा में उछाल दिए। बच्चे उन इश्तिहारों पर टूट पड़े। जैसे वे काग़ज़ के टुकड़े न हों बल्कि बताशे हों!

"ऐक्टर त राजकपूर है। सब जनें की गाँड़ मारके रख दिहिस है।"

"राजकपूर त चूतिया है। दलीप कुमार ऐक्टिंग का बाश्शा है, बाश्शा...तू लोग ओस जलथ्यो। केह मारे कि ऊ कामनी कउशल की लेके छोड़ दिहिस है।"

"बाक़ी तोहरी नरगिसो को ठोंकवाये के वास्ते हिन्दुए मिल रहें।"

...परम्परा। सभ्यता।

गीता। क़ुरान।

इनकी कोई सीमा नहीं, कोई अन्त नहीं है।

देखियति कालिंदी अति कारी।
अहौ पथिक कहियो उन हरि सों, भई बिरह जुर जारी।

...मधुबन तुम क्यौं रहत हरे।
बिरह बियोग स्याम सुंदर के ठाढ़े क्यौं न जरे॥

...मैया बहुत बुरौ बलदाऊ!
कहन लग्यौ बन बड़ौ तमासौ, सब मौड़ा मिली आऊ!
मोहूँ को चुचकारि गयो लै, जहाँ सघन बन झाऊ।
भागि चलौ कहि गयौ उहाँ तैं, काटि खाइ रे हाऊ।
हौं डरपौं काँपो अरु रोवौं, कोउ नहिं धीर धराऊ।

...वहशत ने अपनी डायरी बन्द कर दी। मैया बहुत बुरी बलदाऊ। वह कमरे से आँगन में आ गया। दुल्हन बी सो चुकी थीं। शहरनाज़ के पलंग की जगह ख़ाली-ख़ाली अजीब लग रही थी। हशमत अपने पलंग पर लेटी कोई किताब पढ़ रही थी। उसी के पलंग के पास घड़ौंची थी। उसे प्यास लग रही थी।

गिलास में पानी उँड़ेलकर वहीं वह हशमत के पलंग पर बैठ गया। हशमत धक्-से हो गई। वह हिम्मत करके लेटी ही रही।

"तुम सोई क्यों नहीं?"

"आप क्यों जाग रहे हैं?" हशमत ने लेटे-ही-लेटे पूछा। उसकी आवाज़ जैसे उसके गले में आल्ती-पाल्थी मार के बैठ गई थी।

वहशत ने मुड़कर उसकी तरफ़ देखा। दालान में जलनेवाले बल्ब का प्रकाश उसके चेहरे पर पाउडर की तरह जमा हुआ था। पहली बार उसने देखा कि हशमत कितनी ख़ूबसूरत और कितनी जवान है। अब तक तो वह उसे शहरनाज़ की परछाईं की तरह देखा करता था। परन्तु वह तो शहरनाज़ के जाने के बाद भी मौजूद थी। और तब उसे याद आया कि वह कस्टोडियन से हशमत की माँ का मुक़दमा हार गया था।

"मुझे तुम्हारी माँ अब तक याद है।" उसने कहा, "खुली हुई रंगत। खड़ी नाक। उदास आँखें। मुसम्मात अकबरी बीबी, मैंने अर्ज़ीदावे

में लिखवा दिया मुसम्मात अकबरी बीबी ज़ौजा कस्टोडियन। फिर मैंने ज़ौजा शेख़ फ़िरासत अली मरहूम लिखवा दिया। मैं कभी उन्हें भूल नहीं सकता।"

"और मुझे भाई साहब?"

वहशत पता नहीं क्या जवाब देता। परन्तु दुल्हन बी के लिए अब चुप रहना सम्भव नहीं था। वह 'या अल्लाह' कहती हुई उठ बैठीं। हशमत घबराकर खड़ी हो गई। वहशत बैठा रहा।

दुल्हन बी कभी यह सोच भी नहीं सकती थीं कि उनका वक्कन यों हशमतिया जवानीपीटी की चारपाई पर बय्यठा दिखाई दीहे! परन्तु उन्होंने शहरनाज़ ही के बारे में यह कब सोचा था कि वह यों अपनी जवानी की तेज़ धारवाली छुरी से बाप-दादा की नाक कतरती हुई निकल जाएगी।

वह चुपचाप उठीं और घड़ौंची तक गईं और एक कटोरा पानी पीकर लौट आईं। उन्होंने तै कर लिया कि अब इस घर में या तो वह रहेंगी या यह झाड़पीटी, दिमाग़ढही, माटीमिली, छिनाल हशमतिया रहेगी।

परन्तु हुआ यह कि यह रात ख़त्म ही नहीं हुई।

...बाबू बाँके बिहारीलाल रोज़ सवेरे स्नान को जाते थे। गंगा दरवाज़े पर बह रही हों तो कौन बदनसीब होगा, जो स्नान नहीं करेगा।

टेढ़ी बाज़ार की घनी आबादी में उनका बड़ा पक्का मकान गंगा से कोई दो फर्लांग दूर था। वह बहुत तड़के ही निकल जाते थे। स्नान कर सूर्योदय का इन्तज़ार करते और कभी मौलाना रोम की मसनवी का कोई टुकड़ा और कभी रामायण के श्लोक गुनगुनाते रहते और गंगा के मेल्ते हुए पानी को देखते रहते। फिर सूर्य को 'जल' चढ़ा के वह लौट आते और फिर दुनिया का धंधा शुरू हो जाता।

उनके रास्ते में एक कुआँ था। जब से बम्बे लग गए हैं तब से, अब कुएँ को कोई मुँह नहीं लगाता। परन्तु मुँह लगाने या न लगाने से क्या फ़र्क़ पड़ता है। कुआँ अब भी वहीं गड़ा हुआ था। वह आते-जाते उस कुएँ को देखा करते थे। कुआँ बरसों से अकेला पड़ा हुआ था। इसीलिए जब लौटते समय कुएँ पर भीड़ नज़र आई तो उन्हें बड़ा आश्चर्य हुआ। उनकी चाल तेज़ हो गई।

"ई बहिनचोदन का ई हौसला..."

"माँ चोद डालेंगे हम लोग ई भोसड़ीवालन की!"

"उहाँ पाकिस्तान जाके काहे न माँ चोदाते सब, भाई?"

बाबू साहब तक गालियों की आवाज़ साफ़ आ रही थी।

"क्या बात है भई?" उन्होंने एक नौजवान से पूछा।

"भोसड़ीवाले गउ काटके डाल गए हैं कुआँ में!"

बाबू साहब ने झाँककर देखा।

गाय थी।

गाय कटी हुई थी।

कटी हुई गाय अपनी बड़ी-बड़ी काली और भोली आँखों से बाबू साहब की तरफ़ देख रही थी।

"मुसलमानों ने यह मनों गोशत ख़राब क्यों किया। खा क्यों नहीं गए?" उन्होंने पूछा।

"उहे भोसड़ीवालन से पूछिए न जाके।"

बाबू साहब ने फिर झाँका। गाय में उन्हें कोई गड़बड़ी दिखाई न दे रही थी। और तब वह एकदम से चौंक पड़े। गाय ग़लत जगह से कटी हुई थी!

"यह गाय मुसलमानों ने नहीं काटी है।" बाबू साहब ने कहा।

"हट लाला साला।" एक नौजवान बिगड़ा, "मियाँ लोग ना

काटिन हैं त का तोरे बाप काट गए हैं।"

"अरे इ कायस्थ है। इ साले त आधे मियाँ होते ही हैं।"

...टेढ़ी बाज़ार में क्या हो रहा था इसकी ख़बर शहला को तो थी नहीं। वह ठाकुर साहब के घर जाने के लिए चल पड़ी।

उसे शुजाअलपुर के नुक्कड़ पर पता चला कि बाबू बाँके बिहारीलाल को उनके दरवाज़े के कुएँ के पास मुसलमानों ने मार डाला। बिचारे गंगा नहा के लौट रहे थे।

"तब त आगे बढ़े में ख़तरा है।" जोखन रिक्शेवाले ने कहा।

वह चुप रह गई।

रिक्शा लौटा।

जोखन सोच रहा था कि जो वह हिन्दू रहा होता त एह वखत मजे में हम एकी लेते होते। किसमते साली गाँडू है। हम्में मुसलमान होए की का ज़रूरत रही...

"ए जोखन!"

इस आवाज़ को वह कैसे न पहचानता! बेहाल शाह की आवाज़ थी। रिक्शा रोक के उसने जोखन की तरफ़ देखा। शाह साहब लपक आए।

"सलामआलैकुम शाह साहब।"

"इ तूँ एह बख़त कहाँ जा रहियुँ। ऐं? मुसलमानन का कत्लेआम हो रहा..."

उन्होंने हाथ पकड़ के शहला को उतार लिया। "जा कोतवाली में बोल दे कि बीबी हिआँ है। दारोगाजी आके इन्हें हिफाजत से घर पहुँचाय दें।" जोखन से यह कहते हुए वह शहला को लगभग घसीट ले गए अपने घर में। जोखन पुलिस की तलाश में चला गया। शाह साहब ने दरवाज़ा बन्द कर दिया।

शहला पाँव लटकाए पलंग पर बैठी हुई थी। शाह साहब उसी के पास बैठ गए।

अल्लाह बस। बाक़ी हवस...!

बाक़ी हवस...।

...हवस!...।

...बलवाई जब घर में घुसे तो नंगी शहला बेहोश पड़ी थी और शाह साहब तहमद बाँध रहे थे।

बलवाइयों ने शाह साहब को एक तरफ़ हटा दिया। शहला के नंगे बदन पर दाँतों के निशान थे। वह निशान देखकर सबको ख़याल आया कि शाह के मुँह में भी दाँत हैं...

जब पुलिस आई तो वहाँ कोई नहीं था। केवल दो लाशें थीं। शहला की लाश नंगी थी। शाह साहब की लाश नंगी नहीं थी। शहला की लाश पर दाँतों के निशान थे। शाह साहब की लाश पर दाँतों के निशान नहीं थे।

बाहर सड़क खामोश थी।

और सूरज ओस की बूँद को ढूँढ़ रहा था।

✪✪✪

॥बयान-ए-तहरीरी॥

मन कि मासूम रज़ा वल्द सैयद बशीर

मन कि मासूम रज़ा वल्द सैयद बशीर हसन आब्दी हाल साकिन 83, ए, हिल रोड, बाँदरा, बम्बई 50 का हूँ।

मैं ब-क़ैदे-होशो-हवास यह बयान दे रहा हूँ कि जहाँ तक मुझे याद आता है सन् '32 के बाद से ग़ाज़ीपुर में कोई बलवा नहीं हुआ है। परन्तु हर वह शहर और क़स्बा और गाँव ग़ाज़ीपुर है जहाँ बलवा हो। मैं हिन्दुस्तान और पाकिस्तान के हर शहर का बेटा हूँ। जो घर जलता है वह मेरा घर है। जिस औरत के साथ ज़िना किया जाता है, वह मेरी माँ, मेरी बहन और मेरी बेटी है। (वैसे मेरी बेटी अभी केवल ढाई साल की है। उसका नाम मरियम है। बड़ी प्यारी बच्ची है। मैं ख़फ़ा हो जाता हूँ तो लिपटकर प्यार करने लगती है। उसकी तसवीर मेरे लिखने की मेज़ पर है। वह अपनी माँ की गोद में बैठी मुस्कुरा रही है।) इसलिए मुझसे यह न पूछा जाए कि ग़ाज़ीपुर में तो कोई बलवा नहीं हुआ फिर तुमने दो-दो बलवे कैसे दिखा दिए।

ग़ाज़ीपुर मेरे दिल में है और हिन्दुस्तान (पाकिस्तान समेत) ग़ाज़ीपुर में।

कहते हैं कि हर कहानी में कथाकार किसी-न-किसी रूप में अवश्य मौजूद होता है। मैं इस कहानी में अपने आपको नहीं पहचान पा रहा हूँ। शहला, शहरनाज़, दुल्हन बी, हाज़रा, हशमत, मुसम्मात अकबरी बीवी, वहशत, वज़ीर हसन, हयातुल्लाह अंसारी, दीनदयाल, राम अवतार, ठाकुर शिवनारायण, बाबू बाँके बिहारीलाल, जोखन मैं कहाँ हूँ? मैं तो इनमें से किसी से भी सहमत नहीं हूँ।

तो मैं शायद ग़ाज़ीपुर हूँ। बेबस और अकेला ग़ाज़ीपुर!

आज 29 मई, सन् '70 को अपनी पत्नी और बेटी की तसवीरों के सामने यह लिख दिया ताकि सनद रहे।

—राही मासूम रज़ा